大家小书

屈原研究

（增订本）

郭沫若 著

北京出版集团
文津出版社

图书在版编目（CIP）数据

屈原研究 / 郭沫若著 . — 增订本 . — 北京 ：文津出版社，2021. 6

（大家小书）

ISBN 978-7-80554-732-9

Ⅰ. ①屈… Ⅱ. ①郭… Ⅲ. ①屈原（约前 340 – 约前 278）—人物研究 Ⅳ. ① K825.6

中国版本图书馆 CIP 数据核字（2020）第 242714 号

总 策 划：安　东　高立志　　责任编辑：司徒剑萍　李更鑫
责任印制：陈冬梅　　装帧设计：金　山

· 大家小书 ·
屈原研究（增订本）
QUYUAN YANJIU
郭沫若　著

出　　版　北京出版集团
　　　　　文津出版社
地　　址　北京北三环中路 6 号
邮　　编　100120
网　　址　www.bph.com.cn
总 发 行　北京出版集团
印　　刷　北京华联印刷有限公司
经　　销　新华书店
开　　本　880 毫米 ×1230 毫米　1/32
印　　张　11.25
字　　数　194.4 千字
版　　次　2021 年 6 月第 1 版
印　　次　2021 年 6 月第 1 次印刷
书　　号　ISBN 978-7-80554-732-9
定　　价　48.00 元

如有印装质量问题，由本社负责调换
质量监督电话　010-58572393

总　　序

袁行霈

“大家小书”，是一个很俏皮的名称。此所谓“大家”，包括两方面的含义：一、书的作者是大家；二、书是写给大家看的，是大家的读物。所谓“小书”者，只是就其篇幅而言，篇幅显得小一些罢了。若论学术性则不但不轻，有些倒是相当重。其实，篇幅大小也是相对的，一部书十万字，在今天的印刷条件下，似乎算小书，若在老子、孔子的时代，又何尝就小呢？

编辑这套丛书，有一个用意就是节省读者的时间，让读者在较短的时间内获得较多的知识。在信息爆炸的时代，人们要学的东西太多了。补习，遂成为经常的需要。如果不善于补习，东抓一把，西抓一把，今天补这，明天补那，效果未必很好。如果把读书当成吃补药，还会失去读书时应有的那份从容和快乐。这套丛书每本的篇幅都小，读者即使细细地阅读慢慢地体味，也花不了多少时间，可以充分享受读书的乐趣。如果把它们当成补药来吃也行，剂量小，吃起来方便，消化起来也容易。

我们还有一个用意，就是想做一点文化积累的工作。把那些经过时间考验的、读者认同的著作，搜集到一起印刷出版，使之不至于泯没。有些书曾经畅销一时，但现在已经不容易得到；有些书当时或许没有引起很多人注意，但时间证明它们价值不菲。这两类书都需要挖掘出来，让它们重现光芒。科技类的图书偏重实用，一过时就不会有太多读者了，除了研究科技史的人还要用到之外。人文科学则不然，有许多书是常读常新的。然而，这套丛书也不都是旧书的重版，我们也想请一些著名的学者新写一些学术性和普及性兼备的小书，以满足读者日益增长的需求。

“大家小书”的开本不大，读者可以揣进衣兜里，随时随地掏出来读上几页。在路边等人的时候，在排队买戏票的时候，在车上、在公园里，都可以读。这样的读者多了，会为社会增添一些文化的色彩和学习的气氛，岂不是一件好事吗?

“大家小书”出版在即，出版社同志命我撰序说明原委。既然这套丛书标示书之小，序言当然也应以短小为宜。该说的都说了，就此搁笔吧。

郭沫若《屈原研究》导读

李　斌

（中国社会科学院郭沫若纪念馆）

郭沫若曾坦言："屈原是我最喜欢的一位作家。"[①]从接触中国传统文化到1978年逝世，郭沫若始终喜爱着屈原。他读《史记》时，就对《屈原列传》深感兴趣；1912年在旧体诗《寄先夫愚》和为亡友吴耦逖所写挽联中，多次使用屈原的典故；其后于五四新文化运动时期、北伐战争时期、流亡日本时期、抗日战争时期、新中国成立后等不同历史阶段，他都曾对屈原深致敬意，直到去世前一年，还挑出了礼赞屈原的《黄钟与瓦釜》（1963年作）发表在《人民日报》上。郭沫若以屈原为主题，写过旧体诗、新诗、古诗今译、小说、研究专著、剧本、杂文、报告等各种文体，形成了丰富而复杂的屈原言说。这些言说以学术论文和戏剧创作为代表，体现了鲜明的时代印痕。对于郭沫若的话剧《屈原》，学界已经多有展开，本

① 郭沫若：《序》，《屈原》，开明书店1935年版，第1页。

文以郭沫若的《屈原研究》与《屈原赋今译》为对象，对其以屈原为代表的古典文学研究的特点略作探讨。

一

五四时期，郭沫若对屈原最早的言论出现在1920年初写给宗白华的信中。在这封信中，郭沫若以《东君》中东君跟希腊神话中的太阳神Apollo在“乘车马，操弧矢，射天狼等等几无不相类”，证明“吾华民族西来说之可信”，“人类全体有一共栖时代之说，可于神话传说中寻出有利之证左”。[①] 1920年年底，郭沫若完成了以屈原为主人公的诗剧《湘累》，剧中屈原的台词实际上是郭沫若的“夫子自道”，除表达了郭沫若本人的诗学理想，还“借屈原之口，抒发了自己对‘混浊的世界’的愤懑之情，表现了自己为‘无辜的百姓’而长太息的赤子之心”。[②]

郭沫若最早对屈原所作的系统论述是1921年写作的《我国思想史上之澎湃城》。他在文章中将屈原思想分出三个时期：“《离骚》《九歌》颇带神秘的色彩，盖因袭三代之思想而未变，是为因袭时期；《天问》及《九章》对于天问及其他因袭之观念始大起怀疑，是为怀疑时期；《远游》中借仙人王

① 郭沫若：《致宗白华（1920年1月26日）》，《郭沫若书信集》（上），中国社会科学出版社1992年版，第97、96页。

② 田本相、杨景辉：《郭沫若史剧论》，人民文学出版社1985年版，第11页。

子乔语以表示其对于宇宙人生之彻悟，遂由多神的、神秘的思想，一变而无神的老庄派之形而上学。”[①]郭沫若对屈原思想的分期是在他对中国历史的分期中凸显出来的。在与欧洲文化的类比中，郭沫若将中国古代历史分为三期。[②]其中的第二期，也就是夏殷西周这一千多年的历史，被郭沫若称为中国历史上“第一次之黑暗时代”。“虞夏之际，为我国历史上之一极大的转换时期：古代思想由形而上学的、动的宇宙观，一变而为神学的、固定的宗教论；而政治组织由公产制度一变而为私产制度，由民主主义一变而为神权政治Theocracy。殷因于夏，周因于殷；政教专制之暴威，不输于秦汉以还；自由独创之传统精神，早已终绝一次。”[③]屈原的《离骚》《九歌》就处于这个时代的阴影之下。在郭沫若看来，《天问》充满了怀疑思想，体现了Renaissance（文艺复兴）的精神。郭沫若重点讨论了《天问》“吾人试细味屈子原文，可知其深为有扈氏鸣不平。聊借他人之酒杯，以自舒愤懑。……屈子殆深为有扈氏呼冤而因以疑天帝之存在”。[④]这正表现了郭沫若当时的研究

① 郭沫若：《我国思想史上之澎湃城》，《学艺》第3卷第1期，1921年5月30日。

② 郭沫若：《致张资平（1921年1月上旬）》，《郭沫若书信集》（上），中国社会科学出版社1992年版，第191–192页。

③ 郭沫若：《我国思想史上之澎湃城》，《学艺》第3卷第1期，1921年5月30日。

④ 郭沫若：《我国思想史上之澎湃城》，《学艺》第3卷第1期，1921年5月30日。

取向：以古人之酒杯，浇自己之块垒。

对于屈原的“怀疑”和“彻悟”，郭沫若在《波斯诗人莪默·伽亚谟》中有比较详细的论述。郭沫若认为，对于宇宙人生，人类在不开眼的时代“是最幸福的时代”，但人类逐渐“把我们的心眼睁开内外观察”时，才发现有很多即便是科学也不能回答的问题，屈原“在《天问》《卜居》之中对于宇宙人生发了许多的疑问，他是知道上帝的名称的，他也是知道本体的悬拟的”，“他曾梦想上天，但升至中道又失了航路。形而上学的灰色的理论，也终竟于他无补，他终竟跳在汨罗里面死了”。在郭沫若看来，这种因为彻底怀疑而自杀其实并不可取，他心中的偶像是浮士德。浮士德在“大悟一番”后，“献身于陶醉之中，献身于至痛苦的受用，人生一切的痛苦都要在他内部的自我中领略，把一切的甘苦都积在胸中，把自我的小己推广成人类的大我”。①

郭沫若在五四时期以西方理论为观照，在跟西方文化的发展进行类比中确定了屈原在历史上的位置，突出了个性鲜明、充满怀疑精神的诗人屈原形象。这事实上是诗人郭沫若的镜像，对这一镜像，郭沫若充满了反省意识。

---

① 郭沫若：《波斯诗人莪默伽亚谟》，《文艺论集》，光华书局1925年版，第265、267、268、270页。

二

1935年，正在日本流亡的郭沫若应开明书店之邀，写作《屈原》作为“中学生丛书”之一并出版单行本。该书是郭沫若关于屈原的第一本专著，由《屈原的存在》《屈原的作品》《屈原的艺术与思想》《离骚今言译》四部分组成。

1921年，郭沫若对屈原作品按照创作时间排序为：《离骚》《九歌》《天问》《九章》《远游》。但在1935年的《屈原》中，郭沫若认为：《离骚》是屈原“最晚期的作品，也是他的最成熟的作品”；《九歌》“当作于他的早年得志的时候”；《天问》作于“襄王时被放逐于汉北以后，是在《悲回风》之后，《哀郢》之前”；《九章》非作于一时，《橘颂》最早，其余八篇与《离骚》《天问》同，都是屈原放逐以后的晚期作品，顺序依次为《悲回风》《惜诵》《抽思》《思美人》《哀郢》《涉江》《怀沙》《惜往日》；《招魂》也为屈原早期的作品。据此，郭沫若将屈原的作品分为三期：第一期包括50岁以前的作品，有《橘颂》《九歌》《招魂》；第二期为50岁至62岁时的作品，包括《悲回风》《惜诵》《抽思》《思美人》《天问》；第三期为62岁自沉汨罗之前短短几个月间的作品，包括《哀郢》《涉江》《离骚》《怀沙》《惜往日》。[①]对

① 郭沫若：《屈原》，开明书店1935年版，第27、32、33、51页。

于屈原作品的如此分期，是基于郭沫若独特的研究所得。

《屈原》最后一节标题为《言行一致的爱国诗人》，着重论述了屈原的爱国精神。郭沫若认为，楚国无论从疆域还是富庶程度上说，都有可能实现大一统的目标，但偏偏被后起的秦国战败了。但屈原“不甘心也就是楚人的不甘心，由这不甘心所生出的他的悲愤的文辞也就是楚人的呼吸，楚人特别爱他的辞，特别哀他的死，更由他的辞与死而增涨了民族的义愤”。“由楚人所产生的屈原，由屈原所产生出的《楚辞》，无形之中在精神上是把中国统一着的。中国人如不灭种，中国文如不消灭，《楚辞》没有毁灭的一天。楚人的功劳是不朽的，屈原是永远存在的。”[①]可见，郭沫若认为屈原和楚国虽然在事实上失败了，但在精神上却统一了中国。在郭沫若这里，文学作品充当了民族形成和统一的重要媒介，从某种意义上说，它甚至比武力来得更为重要。但郭沫若很快就对这种论述有了反省。

这种反省体现在1935年11月郭沫若所写的《屈原时代》一文中。该文是“由社会史的一个角度里来作的观察”。郭沫若赞美屈原“在诗域中起了一次天翻地覆的革命”，但伟大的文学家屈原不过是“在时代的边际上彷徨”。郭沫若遗憾屈原没有充分发动楚国的民众，成就千秋功业，改写中国历史，并对此扼腕不已。在郭沫若的心里，文学家在时代的大潮中不能仅

① 郭沫若：《屈原》，开明书店1935年版，第77页。

仅从事文学创作。郭沫若真正欣赏的，是那些能够领导民众进行实际政治斗争的政治活动家。

完成《屈原时代》半年之后，郭沫若写了小说《贾长沙痛哭》。在这篇小说中，他再次对知识分子以“文人”为志业表达了不满。那种将文人、武人分为不同领域，要求他们各自恪守职责、明确身份的观念，对于像郭沫若这样企图逾越自己的“文人”身份的人来说，是一种束缚。郭沫若在文中综合了《屈原》和《屈原时代》的观点，体现了对屈原的矛盾态度：一方面他觉得屈原没有领导民众，只是自己跳水而亡，这是一种失败；另一方面，他觉得屈原跳水成为一种精神象征，可以凝聚起民族的意志。对屈原的矛盾态度，成为他后来解读屈原的基调。

三

1940年端午节，重庆文化界纪念屈原，有人提议将这天定为“诗人节”。[①] 就此议题，郭沫若跟文化界显然已有过沟通交流，所以这天他在《新华日报》发表了《革命诗人屈原》；并于前一天在《大公报》发表了《关于屈原》。

在《关于屈原》中，郭沫若着重论述了屈原对于“国族的忠烈”。“他是为殉国而死,并非为失意而死。屈原是永远值

① 老舍：《第一届诗人节》，《老舍全集》，人民文学出版社1989年版，第229页。

得后人崇拜的一位伟大的诗人，他的对于国族的忠烈和创作的绚烂，真真是光芒万丈。中华民族的尊重正义，抗拒强暴的民族精神，一直到现在都被他扶植着。多造些角黍,多挂些蒲剑和藤萝,这正是抗战建国的绝好的象征。”[①] 将屈原作为民族诗人，正是文协发起诗人节的重要目的，郭沫若参与到了塑造屈原“民族诗人”形象的活动中去。

但在《革命诗人屈原》中，郭沫若却重申了他以往的研究成果。他认为“中国的诗，在屈原手里是起了一次大革命的”。“屈原所创造出来的骚体和之乎也者的文言文，就是春秋战国时代的白话诗和白话文，在二千年前的那个时代，也是有过一次‘五四运动’的。屈原是古‘五四运动’的健将。……但屈原之为革命家似乎只限于他在文艺工作上的表现，关于政治思想方面，他的革命性却没有这样彻底。假使他能把利用民间文艺的手腕扩充起来，像他后一辈的项梁那样，能组织民间力量以推进政治，秦楚所争的霸权，尚不知鹿死谁手。但他不能这样，却以自杀的结局完成了一个诗人的性格。”[②] 在郭沫若看来，真正的政治家和革命家是能够动员民众来完成自己的政治目标。所以屈原顶多只能算是革命诗人，而不是革命者。以革命者的标准衡量屈原，在“民族诗人”塑

① 郭沫若：《关于屈原》，《大公报》1940年6月9日。

② 郭沫若：《革命诗人屈原》，《新华日报》1940年6月10日。

造中显得颇为异类。

“诗人节”的正式发起是在1941年，郭沫若参与了发起活动，并审定了臧云远等人起草了《诗人节缘起》。就在郭沫若等人以屈原为爱国诗人的代表进行纪念时，侯外庐和郭沫若就屈原的思想和艺术展开了一次讨论。

侯外庐也将屈原放在春秋战国时代的大变革背景下去考察。他认为屈原深受儒家的影响，儒家代表的是没落的公族的利益。“儒家的‘先王’在于复礼，他的世界观便是在不祥与必穷的春秋战国，想借理想的仁人君子之推度，而复‘明分制别’的周制。”[①] “屈原对于这一传统是无疑想继承的。他上称尧舜，中道汤武，下仪及齐桓，亦受了儒家明主法度的严格影响。”[②] 所以在侯外庐看来，屈原的世界观是落后的，对于变革的现实有阻碍作用。侯外庐借鉴马克思、恩格斯对巴尔扎克以及列宁对托尔斯泰的论述，认为“屈原的世界观，和他的求真的方法论是矛盾的”，“作为人民作家的屈原，用他的歌唱，代表了人民的喉舌，与普希金之同情于十二月党的自由诗歌，同具价值！然而屈原是表里一致的革命诗人么？这又不然。他对于当时的贵族，固然发出尖刻的嘲骂，但毕竟他也和

---

① 侯外庐：《屈原思想渊源底先决问题》，《中苏文化》第11卷第1、2期合刊，1942年6月10日。

② 侯外庐：《申论屈原思想——衡量屈原的尺度》，《中苏文化》第11卷第1、2期合刊，1942年6月10日。

普希金的命运相似，他是一个三闾大夫，对于没落的公族制，反而寄着哀心的同情感，他之尊君（怀王）犹之乎十六、七世纪的英国的进步皇室之拥护王权，也犹之乎巴尔札克的贵族世界观，企图改善当时公族专政的制度”，“但他的主观理想主义遭受失败，他既不能‘伴’着‘好恶不同’的人民，又不能无条件地‘援’助那些‘众口铄金’的和自己‘同极’的贵族”，“他一方面‘不变’志（世界观）；他方面又不能变心以从俗（方法论），他穷于矛盾的结果便产生了‘固将愁苦而终穷’的下场。”“屈原处在这一变革的时代，他的忠贞节操可以代表人民而怨尤，反之在新兴人类不能独立地走上历史舞台的时候（秦国也是在旧址上革新），又可以产生他的历史长诗，恋忆于古旧的‘王制’，这是具体的历史矛盾，屈原的诗歌，正反映了‘战国时代的一面镜子’。”①

侯外庐将屈原的世界观归结为没落贵族的一方，这不利于郭沫若等人在“爱国主义”的旗帜下对屈原的借用，因此，郭沫若也必须有所回答。

1942年，郭沫若完成了《屈原思想》一文。郭沫若赞同侯外庐所认为的屈原的世界观和方法论是矛盾的这一看法，但他和侯外庐的看法正好相反：“屈原的世界观是前进的、革命的，

---

① 侯外庐：《屈原思想的秘密》，《中苏文化》第11卷第1、2期合刊，1942年6月10日。

而他的方法——作为诗人在构想与遣词上的技术——却不免有些保守的倾向。”[①] 郭沫若虽然重申屈原在诗歌中引进方言、打破旧的诗体，“对于已经僵定了的诗歌，借民间的活生生的生活与言语的灌入，使它复活而蓬勃了起来。这是他的一个伟大的成功，是永远也不能磨灭的”，[②] 但他对于屈原作品的浪漫主义倾向并不满意。他认为屈原已经接受了儒家的思想，而在《天问》中又表达了强烈了怀疑精神。具体表现为在楚文化的影响下，屈原在诗中表现天堂地狱神鬼，这是南方的生活习惯比北方落后的体现。同时，他还着重阐释了屈原思想的“人民性”，认为屈原之所以自杀，是在于他先进的思想跟周围的环境格格不入。郭沫若认为，屈原处在奴隶制向封建制过渡的时代，“人民的价值提高了，故伦理思想也发生了变革，人道主义的思潮便澎湃了起来。……在奴隶制度时代是把人当成牛马，现在是要求把人当成人了。把人当成人，便是所谓仁”。[③] 屈原“是深深把握着了他的时代精神的人，他注重民生，尊崇贤能，企图以德政作中国之大一统，这正是他的‘仁’；而他是一位彻底的身体力行的人，这就是他的‘义’。像他这样大仁大义的人物，我觉得实在是可以‘参天地’，实在是如他自己所说：‘与天地兮比寿，与日月兮齐光’的。他倒不仅是一

① 郭沫若：《屈原研究》，群益出版社1943年版，第106页。

② 郭沫若：《屈原研究》，群益出版社1943年版，第143页。

③ 郭沫若：《屈原研究》，群益出版社1943年版，第120页。

位革命诗人，更说不上什么‘艺术至上主义者’了。”[①]“他的自杀的原因倒是由于他的理想和楚国当时的现实相隔太远，不能不使他失望，因而他便只好演出一幕殉道者的悲剧了。”[②]

当然，郭沫若和侯外庐对于屈原的评价涉及到新史学阵营如何看待儒家这一重大问题，这在随后其他的争论中另有展开。[③]但就本文的关切而言，郭沫若在《屈原思想》中不再强调屈原“民族诗人”这一身份。楚国跟秦国的对立，成为“德政”跟“刑政”的对立，也就是先进的社会集团的世界观跟落后的社会集团的世界观的对立。这显然隐喻的是中华民族跟日本侵略者的对立。但在楚国内部的“壅君”和“群小”阻挠着屈原理想的实现，最终导致亡国。这其实隐喻着“皖南事变”后不断制造摩擦，防止共产党在抗战中壮大力量的蒋介石及国民政府。这两层隐喻，都说明了郭沫若对时局的隐忧和哀叹。

四

自1935年至1953年，在近二十年的时间里，郭沫若多次以白话今译《楚辞》，有些翻译反复推敲，多次修改，体现了郭沫若学术研究的进展和具体观点背后的时代印痕。

---

① 郭沫若：《屈原研究》，群益出版社1943年版，第135-136页。

② 郭沫若：《屈原研究》，群益出版社1943年版，第144-145页。

③ 黄晓武：《1942年郭沫若与侯外庐关于屈原思想的论争》，《中国现代文学研究丛刊》2006年第6期。

《离骚今译》有三个版本，分别为1935年《屈原》版、1943年《屈原研究》版以及1953年《屈原赋今译》版。后面的版本对前面的版本多有修改。其中最令人瞩目的改动在于《离骚》中多次出现的“民”字。对于“哀民生之多艰”，1935年版今译为“我哀怜我生在世上多受艰苦”[①]，释“民”为“我”；1943年版和1953年版改为“我哀怜着人民的生涯多么艰苦”[②]，释“民”为“人民”。这一改动，表征了郭沫若屈原研究中来自“人民性”的影响。

郭沫若认为甲骨文、金文中的“民”就是“奴隶”。他在《释臣宰》中认为“臣民均古之奴隶也”[③]。这一观点在《古代研究的自我批判》中得到了更进一步的说明：“最有趣味是民与臣两个字，在古时候本都是眼目的象形文。臣是竖目，民是横目而带刺。……竖目表示俯首听命，人一埋着头，从侧面看去眼目是竖立的。横目则是抗命平视，故古称‘横目之民’。横目而带刺，盖盲其一目以为奴征，故古训云‘民者盲也’。这可见古人对待奴隶的暴虐。”[④]《释臣宰》完成于

① 郭沫若：《离骚今言译》，《屈原》，开明书店1935年版，第87页。

② 郭沫若：《离骚今言》，《屈原研究》，群益出版社1943年版，第157页；郭沫若：《屈原赋今译》，人民文学出版社1953年版，第94页。

③ 郭沫若：《释臣宰》，《郭沫若全集·考古编》（第1卷），科学出版社1982年，第65页。

④ 郭沫若：《古代研究的自我批判》，《郭沫若全集·历史编》（第2卷），人民出版社1982年版，第41−42页。

1929年，但郭沫若在1935年今译《离骚》时，并没有采用他的甲骨文研究成果来释读《离骚》中的“民”字。这说明他在当时还没有将屈原与奴隶、“人民”联系起来，《离骚》还是这位贵族诗人的自我抒情。到了1943年，郭沫若把屈原放在奴隶社会到封建社会的大变革背景下去考察时，才用了他在《释臣宰》中的观点。

郭沫若释“民”为“人民”，跟当时很多楚辞研究者的看法并不一致。闻一多在“哀民生之多艰”文下注释说：“民犹人也。本篇民字皆训人，下文‘终不察夫民心’‘相观民之计极’‘民好恶其不同兮’，民并一作人，可证。《远游》曰：‘哀人生之长勤’，与此语意同，是民生即人生。下文‘民生各有所乐兮’同（说本蒋骢、游国恩）。”[①] 林庚更是在《屈原的人格美与离骚“民”字解》中指出：在《离骚》中，既有“哀民生之多艰”，也有“民生各有所乐兮”，“‘民生’所指的到底是什么？若‘民’作人民大众解，那么人民大众既然是‘多艰了’，为什么又说‘各有所乐’呢？何况‘民生’之下所说的都是‘余’怎样‘好修’，而且都坚决到‘九死未悔’‘体解未变’，屈原在这里是一再表示了自己的态度。可是如果‘民’是指人民大众，则‘民生

---

① 闻一多：《离骚解诂甲》，《闻一多全集》（第5卷），湖北人民出版社2004年版，第295–296页。

各有所乐兮，余独好修以为常’屈原岂不偏要与人民站在相反的方向吗？这是讲不通的”。林庚认为：“‘民’字作‘人民’讲，还不如就作‘余’字讲似乎更妥当呢”，“民”字“就作‘人’讲”。[①]林庚用“诗人的锐眼看中国文学史”，在他那里，“《楚辞》代表‘相反的浪漫的创造的精神’，所追求的是‘一种异乡情调和惊异’，也就是‘一种解放的象征’”[②]。所以他将“民”字作“余”“人”解，显然更能表现屈原的“浪漫的创造的精神”。其实闻一多、林庚的观点跟郭沫若1935年的解释一致，反映的都是“五四”新文学精神在楚辞研究中的回荡，只是后来郭沫若拥抱了人民，突出了屈原思想的“人民性”，所以对“民”字有了新解。

郭沫若对“人民”重视，还表现在《屈原赋今译》中对民间歌谣的采用。“屈原的诗的形式主要是从民间歌谣体发展出来的，所使用的语汇也多是人民的语言。”[③]这主要体现在《九歌》今译中。他将《东皇太一》第一节译为：“日子好，天上出太阳，/高高兴兴，来敬东皇。/你两手按着宝剑，宝剑长又长；/剑鞘上，玉饰多辉煌!/全身的佩玉，风吹得丁丁

① 林庚：《诗人屈原及其作品研究》，中华书局1981年版，第70、71页。

② 朱自清：《什么是中国文学的主潮？——林庚著〈中国文学史〉序》，《朱自清全集》（第3卷），江苏教育出版社1996版，第210页。

③ 郭沫若：《屈原简述》，《屈原赋今译》，人民文学出版社1953年版，第4页。

当当。”他将《礼魂》翻译为：“唱着歌，打着鼓，/手拿着花枝齐跳舞。//我把花给你，你把花给我，/心爱的人儿，歌舞两婆娑。//春天有兰花，秋天有菊花，/馨香百代，敬礼无涯。”这些诗句跟民谣十分相近。通过民谣，郭沫若为屈原和人民之间建立了亲密的关系，跟历代文人的理解显然不同。“以前的注解者，不懂这种古代情形，动辄便以为是屈原的寄托，爱扯到君臣之间的关系上来，实际上并不是那么一回事。”[①]

不过，在郭沫若的《屈原赋今译》中，我们仍能感受到了强烈的五四色彩，那种对个性的讴歌、对孤独感的抒写。《离骚》中有：“忳郁邑余侘傺兮，吾独穷困乎此时也。宁溘死以流亡兮，余不忍为态也!”他译为：“我忧郁，我不安，我感受着孤独，/我孤独地遭受着今世的困穷。/我就使奄然死去而魂离魄散，/也决不肯同乎流俗，屈节卑躬。”《涉江》中有“霰雪纷其无垠兮，云霏霏而承宇。哀吾生之无乐兮，幽独处乎山中。吾不能变心而从俗兮，固将愁苦而终穷。”他译为：“一望无涯地在下着水雪，/浓厚的乌云在天空密布。/可怜我的生活毫不适意，/一个人逃避在这样的山里。/我不能改变志趣随波逐流，/故应该忧愁痛苦而至于死。”《抽思》中有：“心郁郁之忧思兮,独永叹乎增伤。思蹇产之不释兮,曼遭夜之方

---

① 郭沫若：《〈九歌〉题解》，《屈原赋今译》，人民文学出版社1953年版，第38页。

长。”他译为：“心里的忧愁万分郁结，/孤独地唉声叹气，不断悲伤。/思来想去，怎么也不能开怀，/只恨长夜漫漫，天总不亮。”[①]

这种对个性的张扬、对孤独悲伤的反复咏叹、对浪漫情怀的彰显，同1950年代要求融入集体的新时代氛围是不合拍的，也与《九歌》今译中凸显的人民性不大相称，但郭沫若在“解题”中并没有批评。有论者注意到1949年后屈原研究中透露出的“知识界在自身和群众的关系上、在创造性个人和集体主义社会的关系上的含混不决的态度”。[②]对此“含混不决”，论者认为郭沫若进行了“想象性解决：伟大的历史个人可以成为人民群众的诗歌喉舌、乃至人民革命的歌手”。[③]其实这只是针对《九歌》的部分解决。当郭沫若对《离骚》《九章》中那些充满个人孤独感的诗行进行今译时，他根本就没有打算将这些情绪用“人民性”来统摄。他虽然在《九章》的“解题”中也谈到“达”“雅”，但却罕见地强调了翻译的“信”的原则。“我的翻译，自信是相当忠实的。……有些地方看来好像

① 郭沫若：《屈原赋今译》，人民文学出版社1953年版，第96、140、149页。

② Laurence A. Schneider, A Madman of Ch’u：The Chinese Myth of Loyalty and Dissent（Berkeley：University of California Press,1980）,P.159. 转引自王璞：《郭沫若与古诗今译的革命谱系》，《文学评论》2016年第3期。

③ 王璞：《郭沫若与古诗今译的革命谱系》，《文学评论》2016年第3期。

十分自由大胆。但如仔细读了注文，便可以知道，我并不是毫无根据。”[①] 这与他使用民谣今译《九歌》时对今译创造性的强调十分不同：“只要有相当的根据，只要在逻辑上、韵调上合乎情理，我倒赞成不妨稍微胆大一点。译诗是一种创作，读诗也是一种创作。我自己应该是属于胆大派的一个。这些译文，有好些地方便是我的大胆的解释。”[②] 对翻译的忠实性的强调，体现了郭沫若对研究对象作为独立主体的尊重。

1953年的郭沫若，一方面在《九歌》今译中强调“人民性”，另一方面在《离骚》《九章》今译中“忠实”翻译个体孤独情绪。这两种话语并不协调，也没有得到“想象性解决”，而是并存在郭沫若的《屈原赋今译》中，体现了郭沫若文学屈原研究的复杂张力。

① 郭沫若：《〈九章〉题解》，《屈原赋今译》，人民文学出版社1953年版，第195、196页。

② 郭沫若：《〈九歌〉题解》，《屈原赋今译》，人民文学出版社1953年版，第39页。

目　录

伟大的爱国诗人——屈原

一

屈原是中国民族所产生出的一位伟大的诗人。他热爱人民，热爱祖国，热爱真理和正义，他的诗是由这种真挚的感情所充溢着的。

他以二二九二年前（公元前三四〇年）生于战国时代的楚国，照族系上讲来，是楚国王族的同宗。屈姓是春秋初年（公元前七世纪）楚武王的儿子屈瑕的子孙。屈是屈瑕的封地。但屈原在《惜诵》里面说，他自己的出身是“贱贫”的。这是因为“楚邦之法，禄臣再世而收地”（《韩非子·喻老》），封君只传两代，便要由王家收回土地。故屈原尽管与楚王同宗，事实上只等于楚国的一个平民。

因为这样的关系，他很知道民间的疾苦。看到人民生活的多灾多难，他经常叹息而至于流眼泪。后来在他失意遭受了流窜的时候，他屡次想跑到别国去，这是战国时代一般知识分子的常态，但他也想到人民的灾难而不忍离开。他似乎是特别同情农民的。在《卜居》里面曾说到屈原向郑詹尹问过："宁诛锄草茅以力耕乎？将游大人以成名乎？"这样相反的问题，他列举了八对，上一项都是他所愿意做或已经做了，下一项都是他所不愿意做的。如果《卜居》的描写合乎事实，那么屈原就是愿意拿着锄头耕田，而不肯去游说诸侯以求一官半职。

同情人民、热爱人民，这是屈原的基本精神。有了这种精神，所以他才能够博得人民的同情，他的诗也才能够有充沛的生命，在中国的文化史上卷起了一次诗歌革命的风暴，在文学发展上发生着深刻的长远的影响，使两千多年来的中国人民一直都在纪念着他。

屈原的诗歌，根据汉代官家的著录，在当时只留下二十五篇。很可庆幸的是这二十五篇一直保留到现在，并没有残缺。那就是《九歌》十一篇，《九章》九篇，《离骚》《天问》《招魂》《卜居》《渔父》各一篇，一共二十五篇。虽然后汉的王逸把《招魂》作为宋玉的作品，而把可疑的《远游》一篇充足了二十五篇的数目，但我们根据司马迁的《屈原列传》

和《招魂》本身的内证，可以断定《招魂》确实是屈原的作品，而《远游》则很有可能是司马相如《大人赋》的初稿。在这二十五篇中，还有一个近于公认的看法是：《卜居》和《渔父》（特别是《渔父》）也不会是屈原所作。但其中用韵还是先秦古韵，我认为当是屈原的后人如宋玉、唐勒、景差等，同情屈原而又深知屈原的生活和思想者的作品。故这两篇尽管不是屈原所作，而在作为研究屈原的资料上仍然是可以宝贵的。

根据那些最可靠的作品，我们可以看出，屈原诗歌的特质就是人民的气息非常浓厚。首先值得注意的，他是采用着民间歌谣体，而充分地把规模扩大了。

在屈原以前，中国古代贵族阶级的诗歌，如《大雅》《小雅》《商颂》《鲁颂》等，以及春秋以来的青铜器上的一些有韵的铭文，不分南国和北国，都一致地采用着四言诗的格调，和民间口语是脱离了的。到了屈原，虽然在《天问》《招魂》《橘颂》的几篇中，基本上还保留着四言格调，而在其他的篇章中便把这种格调彻底打破了。

方言和口语的大量使用，是屈原诗歌的一大特色。这些字眼是举不胜举的。一个反复使用的“兮”字便是最好的一把钥匙。“兮”字是古代民歌里所常见的字，采自民间的《国风》也常见使用。这个字，今音虽读如“牺”，古音却读如“呵”，懂得这个音窍去读屈原作品，民歌品质的真相便完全表露出来了。

屈原在古代中国的诗歌中是创造了一个新的形式的，而这个新的形式和他的同情人民、热爱人民的感情意识正相为表里。故屈原的诗歌实现了内容与形式的典型的一致。

二

屈原不仅是一位热爱人民的诗人，同时也是一位有远大抱负的政治家。

他生在楚国，因而热爱楚国。但他的对于祖国的热爱，是超过了楚国的范围的。

请读他的《天问》吧。那里面所包含着的一百七十多个问题，大部分是关于整个中国历史的叙述，从虞、夏、殷、周以来每一代的事迹都说得相当详细，而最后说到楚国时却只有四五句而已。再请读他的《离骚》吧。那里面也在称赞尧、舜、禹、汤、皋陶、伊尹、武丁、傅说、周文王、齐桓公，而却没有一处说到楚国的先公先王。从这里，屈原的抱负不是很明显地可以看出吗？屈原，他不仅热爱楚国，而且热爱中国。

中国的古代社会，在春秋以前虽然仿佛是一个统一的局面，但那局面很小，而在实质上只是一些大小氏族集团（所谓“万邦”）的并不十分紧密的联盟。那些氏族集团在联盟期中，特别在联盟瓦解之后，都各自为政，进行其独立性或半独立性的发展。但有一点是很重要的，便是语言文字和风俗习惯，在基本上是在统一形式之下发展着。因此，在这长期的个别发展中，中国的局面由小而大，到了春秋末年已经普遍地生出了更严密的统一要求，即所谓“大一统”。由殷周以来的多数氏族集团归并而为春秋的十二诸侯，再归并而为战国的七雄，这样的历史发展的轨迹正明显地表示着这个“大一统”的趋势。这是中国民族的一个总要求，差不多无例外地，反映在周秦之际的各家学派的主张里面。

屈原当然体会到了这种趋势和要求，而生出了由楚国来统一中国的抱负：“忽奔走以先后兮，及前王之踵武”（《离骚》）——他要急走直追，辅助楚王，向统一中国的禹汤文武追赶上去。

要由楚国来统一中国，楚国在当时是不是有这样的资格呢？这倒并不是屈原一个人的纯粹的主观愿望。

楚国本来是殷王朝的同盟，殷代灭亡后，在周代的几百年间，独立地在南方发展。到了战国时代，长江流域、汉水流域、淮河流域的全部都入了楚国的版图。此外还包含着今天的陕西、河南、山东等省的各一部分。中国南部的开发，楚民族的“筚路蓝缕”是尽了很大的力量的。故在战国七雄中，楚国的疆土最大，而兵力也不弱。

就在屈原诞生前四十一二年前，楚国的悼王曾经重用吴起，对于内政雷厉风行地施行了一次大改革。“明法审令，捐不急之官，废公族疏远者，以抚养战斗之士。要在强兵，破驰说之言从横者。于是南平百越，北并陈蔡，却三晋，西伐秦。”（《史记·吴起列传》）这和二十年后秦孝公重用商鞅的作风是很相仿佛的，吴起与商鞅同是出身于魏国的法家，他们的主张和手腕相同，目标相同，步骤也是相同的。但不久楚悼王一死（公元前三八一年），楚国的反动公族们便把吴起射杀了。吴起的悲剧也和商鞅的相同，所不同的只是商鞅执政的时期很长（在二十年以上），而吴起执政的时期很短（只有两年光景）。但在吴起死后，射杀吴起的反动派有七十多家被治罪而整个消灭了，由此可见吴起的余教在楚国必然还有留存。

屈原正是在吴起、商鞅等实行变法的流风遗韵中长大的。他靠着自己的才能曾经得到楚怀王的信任，做到仅次于令尹的左徒的官职，参预了高级的行政工作和外交工作，他的实际政治家的作风相当浓厚地表示着法家色彩。请读他的《惜往日》吧。他说：“惜往日之曾信兮，受命诏以昭时。奉先功以照下兮，明法度之嫌疑。”（回想从前我曾受信用，禀受王命使时代光明。把先代的业绩昭示众庶，使法度严密无疑可存。）这明明就是“明法审令”的做法。在他所说的“先功”（先代的业绩）里面，可能就包含有吴起的余教。故在这之外，他在同一诗中，更主张“参验考实”，而反对“背法度而心治”。这些都是法家的基本主张。

然而屈原所遭遇的楚怀王，却不能和吴起所遭遇的楚悼王、商鞅所遭遇的秦孝公相比。因而他倒遭遇到了和吴起、商鞅一样的悲剧。楚怀王是一位虚荣心很重、浅薄无定见而又妄自尊大的人，他很轻易地听信了反动贵族的中伤，便把屈原疏远了。这个国王被一群反动派包围，一味地骄奢淫逸，轻举妄动，多树敌人，容易受人欺骗，也容易受人挑衅，结果一败再败，就像一个败家子一样，把楚国几百年来所建立起的基业，差不多就败坏在他一个人手里。最后还被秦国诱引去做了三年俘虏，囚死在秦国。

楚怀王的继承者顷襄王是更不济事的。在他的时代，正直的屈原更进一步遭受到迫害而被放逐。结果在顷襄王二十一年（公元前二七八年）秦国的大将白起领兵南下，把郢都破灭了，焚烧残杀，划平了历代楚王的陵墓，还长驱直入，占领了洞庭、五渚、江南。楚国的君臣朝东北逃走到陈城去才暂时稳定了下来，几几乎弄到了亡国的地步。

国家败坏到这步田地，在热爱祖国的诗人屈原当然是最不甘心的。这便是在他后期诗歌里面所包含着的绞心沥血的悲痛、抑郁、愤懑和绝望的深在根源。在郢都破灭后，他在逃难中作过一首《哀郢》的诗来表示深沉的悲痛。他那时已经六十二岁了。他是往南方逃走的。他逃走的方向恰恰是白起进兵的方向。所以他逃到了哪儿，白起也追到了哪儿。这就逼得他就在郢都破灭的那一年，终于跳进湖南境内的汨罗江里自杀了。

屈原的自杀，事实上是殉国难。很显然，他是把他自己造成了一个典型悲剧时代中的典型悲剧人物。

三

屈原的才智是向多方面发展的。

他的感情真挚，想象力丰富，对于自然物也有同样极其深厚的爱。他爱橘树而加以赞颂，他爱各种各样的香草而尽力栽培，他爱南方的山川风物，而仿佛沉潜到它们的神髓里去了。他利用着民间的信仰，每每把山川风物人格化，而且化得非常优婉。巫山有女鬼，湘水有女神，太阳和云都有男性或女性的主宰者，而在神与人之间或神与神之间竟往往使他们发生着深挚的恋爱。

自然现象，特别是天界的现象，被他人格化了之后，有时却都受着他的驱遣，为他服务，或者驾车，或者打仪仗，或者充任卫士。这样使他脱离尘寰而在天空中飞行——时而飞到天国的门前，时而攀上世界的屋顶，时而跑到西极的海边，去追求理想的乐土和“足与为美政”的理想的君王。他所理想的君王是用“美人”来象征的。但那样的乐土和“美人”，在天上和地下，他都不曾找到。

他虽然承认着民间信仰，但他对于神鬼之类的超现实的存在却并没有丝毫的信仰。他对于超现实的世界是怀疑的，有时甚至是憎恨的。请读《天问》吧。那里有这样的话：“天命反侧，何罚何佑？齐桓九会，卒然身杀！”这是在替齐桓公鸣不平，也就等于说没有什么“天命”。《招魂》里面有天国的描写，但那天国的景象，就跟地狱一样，并不是可以使灵魂安乐的地方。《离骚》里面，诗人飞到了天国的门前，叫门子开门，而门子倚着天门望望，不肯替他打开。这是表示天国也和地上的宫廷一样势利或者腐化。

最值得注意的，是《天问》开头关于天体的一些疑问。他在问：天地未开辟以前的情况是怎样？天体是谁创造的？何以分成了十二等份？日月星辰何以不坠？太阳一天走多少里？晚间藏到什么地方去了？月亮何以有圆有缺？——问得非常现实。这可表明屈原并不是经常以诗人的幻想去对待自然现象，而有时是以科学家的态度进行真理的探索。

关于天体的探问，在屈原时代是一个相当普遍的问题。庄子的《天运》一开头就这样问过：天是动的吗？地是静的吗？太阳和月亮是在那儿赛跑的吗？谁在主持？谁在牵线子？谁没有事做在玩把戏？

还有一个故事出自《庄子·天下》，是说南方有一位奇人名叫黄缭，他问“天地所以不坠不陷，风雨雷霆之故”。北方的一位学者，名家（战国时讲逻辑的一派）的领袖，曾经做过梁国（魏）宰相的惠施，“不辞而应，不虑而对，遍为万物说”。

这些都表示着与屈原同时代的学者们对于天体的运行和构造是有着普遍的关心。就在这一方面，屈原无疑也是受了时代潮流的影响。

屈原所处的时代，在中国历史上，是一个文化灿烂的黄金时代。杰出的思想家、政治家、文章家、科学家（天文、历数等）一大批地涌出，真真是呈现出了百花齐放的壮观。屈原以他的才质和地位，很容易受到各家学说的影响，而使他向多方面发展。但毫无疑问，他在诗歌方面的贡献是特出一头地的。

他的诗歌被保留了下来的虽然只有二十几篇，而内容却是无比的丰富。有平正、素朴的《橘颂》，有清新、玲珑的《九歌》，有瑰奇、艳丽的《招魂》，有雄浑、奇特的《天问》，有像雷电交加般的悲愤、沉郁而又奔放、宏壮的《离骚》和《九章》中的一大部分。感情的真挚，幻想的自由，词藻的馥郁，韵调的铿锵，形式的多样，像他这样的诗人在中国文学史上乃至世界文学史上，都是有数的。

屈原是有他的卓越的诗才。但在这之上，使他能够有伟大成就的基本原因，应该不嫌重复地指出，是他的热爱人民、热爱祖国、热爱真理、热爱正义而能够沉潜到生活与自然的最深处。他是在用他全部的生命来创造他的诗歌，因而他的一生也就成为了一首不朽的悲壮的史诗。

1953年6月

屈原研究

一　屈原身世及其作品

一

中国有史以来的第一个伟大的诗人要推数屈原。他是生在战国后半期的楚国的。司马迁的《史记》上有一篇《屈原贾生列传》，前半部便是传的屈原。我现在把那大要摘录在下边：

> 屈原者，名平，楚之同姓也。为楚怀王左徒。博闻强志，明于治乱，娴于辞令。入则与王图议国事，以出号令；出则接遇宾客，应对诸侯。王甚任之。
>
> 上官大夫与之同列，争宠而心害其能。怀王使屈原造为宪令，屈平属草稿未定。上官大夫见而欲夺之，屈平不与，因谗之曰："王使屈平为令，众莫不知，每一令出，平伐其功，以为'非我莫能为'也。"王怒而疏屈平。
>
> 屈平疾王听之不聪也，谗谄之蔽明也，邪曲之害公也，

方正之不容也，故忧愁幽思而作《离骚》。……《国风》好色而不淫，《小雅》怨诽而不乱。若《离骚》者，可谓兼之矣。上称帝喾，下道齐桓，中述汤武，以刺世事。明道德之广崇，治乱之条贯，靡不毕见。其文约，其辞微，其志洁，其行廉，其称文小而其指极大，举类迩而见义远。其志洁，故其称物芳。其行廉，故死而不容自疏。濯淖污泥之中，蝉蜕于浊秽，以浮游尘埃之外，不获世之滋垢，皭然泥而不滓者也。推此志也，虽与日月争光可也。

屈平既绌，其后秦欲伐齐，齐与楚从亲，惠王患之，乃令张仪佯去秦，厚币委质事楚，曰："秦甚憎齐，齐与楚从亲，楚诚能绝齐，秦愿献商、於之地六百里。"楚怀王贪而信张仪，遂绝齐，使使如秦受地。张仪诈之曰："仪与王约六里，不闻六百里。"楚使怒去，归告怀王。怀王怒，大兴师伐秦。秦发兵击之，大破楚师于丹、淅，斩首八万，虏楚将屈匄，遂取楚之汉中地。怀王乃悉发国中兵以深入击秦，战于蓝田。魏闻之，袭楚至邓。楚兵惧，自秦归。而齐竟怒不救楚，楚大困。

明年，秦割汉中地与楚以和。楚王曰："不愿得地，愿得张仪而甘心焉。"张仪闻，乃曰："以一仪而当汉中地，臣请往如楚。"如楚，又因厚币用事者臣靳尚，而设诡辩于怀王之宠姬郑袖。怀王竟听郑袖，复释去张仪。是时屈平既疏，不复在位，使于齐，顾反，谏怀王曰："何不杀张仪？"怀王悔，追张仪不及。

其后，诸侯共击楚，大破之，杀其将唐眜。时秦昭王与楚婚，欲与怀王会。怀王欲行。屈平曰："秦虎狼之国，不可信，不如毋行。"怀王稚子子兰劝王行："奈何绝秦欢！"怀王卒行。入武关，秦伏兵绝其后，因留怀王，以求割地。怀王怒，不听。亡走赵，赵不纳。复之秦，竟死于秦而归葬。

长子顷襄王立，以其弟子兰为令尹。楚人既咎子兰以劝怀王入秦而不反也。屈平既嫉之，虽放流，眷顾楚国，系心怀王，不忘欲反……令尹子兰闻之大怒，卒使上官大夫短屈原于顷襄王，顷襄王怒而迁之。

屈原至于江滨，被发行吟泽畔。颜色憔悴，形容枯槁。……乃作《怀沙》之赋。……于是怀石，遂自沉汨罗以死。

屈原既死之后，楚有宋玉、唐勒、景差之徒者，皆好辞而以赋见称；然皆祖屈原之从容辞令，终莫敢直谏。

这便是《屈原传》的大略。在传的最后司马迁还有几句评论是：

余读《离骚》《天问》《招魂》《哀郢》，悲其志。适长沙，观屈原所自沉渊，未尝不垂涕，想见其为人。

这也是很重要的一段文字，因为他把《天问》《招魂》《哀郢》诸篇，和《离骚》并列，都认为是屈原的作品。

自从有了司马迁这篇评传之后，两千年来讨论屈原的人大都奉以为圭臬，没有人怀疑过。但在近几年来却是大大地发生了问题，竟连屈原的存在都有人要加以否认了。这个问题虽然是新发生出来的，但既有问题发生，如在未能解决之前，又来肯定着对于屈原要做进一步的研究，那等于是在沙上筑台，全部的努力会有成为空费的危险，所以我在这儿要多费一点笔墨来讨论这个问题，看看怀疑的人所持的理由究竟是否充分，而屈原这个人究竟是否存在。

提出了这个问题的人，第一个是四川的廖平，据谢无量的《楚辞新论》上说：

> 我十年前在成都的时候，见着廖季平先生。他拿出他新著的一部《楚辞新解》给我看，说“屈原并没有这个人”。他第一件说《史记·屈原贾生列传》是不对的，细看他全篇文义都不连属。他那传中的事实，前后矛盾，既不能拿来证明屈原出处的事迹，也不能拿来证明屈原作《离骚》的时代。……他第二件拿经学的眼光说《楚辞》是《诗经》的旁支。……他以为《诗经》本是天学，所讲的都是天上

> 的事，自然《楚辞》也是一样。所以有那些远游出世的思想和关于天神魂鬼的文词。……他第三件说《离骚》首句"帝高阳之苗裔"是秦始皇的自序。其他屈原的文章，多半是秦博士所作。《史记》"始皇不乐，使博士为《仙真人诗》，及行所游天下，传令乐人歌弦之"。

廖先生的《楚辞新解》我还没有看见过，他的详细的论证我自然无从知道，但在这个简单的转述中他的主张的要点是揭示出了。

其次，是胡适的《读楚辞》，对于《屈原传》也表示过同样的态度。他说：

> 屈原是谁？这个问题是没有人发过问的。我现在不但要问屈原是什么人，并且要问屈原这个人究竟有没有。为什么我要疑心呢？因为：
>
> 第一，《史记》本来不很可靠，而《屈原贾生列传》尤其不可靠。
>
> （子）《传》末（案在《贾生传》末）有云："及孝文崩，孝武皇帝立，举贾生之孙二人至郡守，而贾嘉最好学，世其家，与余通书。至孝昭时，列为九卿。"司马迁何能知孝昭的谥法？一可疑。孝文之后为景帝，如何可说"及孝文崩，孝武皇帝立"？二可疑。
>
> （丑）《屈原传》叙事不明。先说"王怒而疏屈平"。

次说“屈平既疏，不复在位，使于齐，顾反谏怀王曰，何不杀张仪？王悔，追张仪不及”。又说“怀王欲行，屈平曰，秦虎狼之国，不可信，不如无行”。又说“顷襄王立，以子兰为令尹。楚人既咎子兰以劝怀王入秦而不反也，屈平既嫉之，虽放流，眷顾楚国，系心怀王，不忘欲反”。又说“令尹子兰闻之大怒，卒使上官大夫短屈原于顷襄王。王怒而迁之。屈原至于江滨，被发行吟泽畔……”既“疏”了，既“不复在位”了，又“使于齐”，又“谏”重大的事，一大可疑。前面并不曾说“放流”，出使于齐的人，又能谏大事的人，自然不曾被“放流”。而下面忽说“虽放流”，忽说“迁之”，二大可疑。“秦虎狼之国，不可信”二句，依《楚世家》，是昭睢谏的话。“何不杀张仪”一段，《张仪传》无此语，亦无“王悔，追张仪不及”等事，三大可疑。怀王拿来换张仪的地，此《传》说是“秦割汉中地”，《张仪传》说是“秦欲得黔中地”，《楚世家》说是“秦分汉中之半”，究竟是汉中是黔中呢？四大可疑。前称屈平，而后半称屈原，五大可疑。

胡适的文章，我因为手头无书也还没有窥到他的全豹。这一段也是由《楚辞新论》所转录下来的。他所揭出的疑问，骤看，的确是很值得令人怀疑。我想廖先生以为《屈原传》不可靠，大约也就是根据的这些疑窦吧。

这样的怀疑是应该首先解决的，我们应该来当一个公正的审判官，要看是司马迁可靠，还是廖、胡两位可靠。

廖、胡两位，特别是胡适，对于《屈原传》所提出的疑问，骤看都觉得很犀利，但仔细检查起来，却一项也不能成立。（子）项所列的那一段话，早就有人说过是“后人所增”[①]，而那增窜过的文字也还有传讹。“孝文崩”，应该是“孝景崩”的错误。（丑）项的五大可疑也疑得不周到。第一层的既疏了，既不在位了，而又使于齐，又谏重大的事，我们如想到现在的一些要人下野出洋且发抒伟论的近事，便可以不费笔墨地得到了解。第二层的“放流”两个字当成“流谪”解，是后来的人讲错了的。其实“放流”就等于“放浪”，并不是说屈原在楚怀王时便遭过流刑。第三层的“秦虎狼之国，不可信”的那两句话，本来是很平常的话，昭雎可以说，屈原也可以说，就如现在的“打倒日本帝国主义”的口号三尺童子都可以喊叫的一样，那是毫不足怪的。但关于这一层更有人说昭雎就是屈原的。《楚辞新论》上引刘申叔的话说：

> 昭姓源流不考，后世亦无昭姓。屈景二姓是楚同姓。《史

① 殿本《史记》卷八十四考证引凌稚隆说。

记》所说屈原谏怀及使齐的话，《战国策》都作昭雎，无屈原名字。恐怕昭雎就是屈原。古音本通。

这个见解的根据是非常薄弱的。《庄子·庚桑楚》上说："三者虽异，公族也。昭、景也，著戴也。甲氏也，著封也。"所说的就是楚国的"三闾"屈、景、昭。甲氏就是屈氏，说它是音变固可以[1]，说它是字误也未尝不可以。据此可见昭、屈原本是二氏。昭是楚昭王的支庶[2]，所以说是"著戴"，戴是代的假借。屈是楚武王的儿子屈瑕所封的采邑[3]，所以说是"著封"。三者是完全不同的。《庄子·齐物论》中有善鼓琴的昭氏，其名为文[4]，还有他的儿子也是承继着父业的，可见昭氏并不是没有流传。总之，昭雎不能说就是屈原。他与屈原同时而且大约是同志，所以他们说话相同。使齐时他是做了屈原的副使或随员，也是说得过去的。

至于第三大疑问中言《屈原传》中所有的事为《张仪传》所无，这是司马迁惯用的详略互见的笔法，毫不足怪。第四大

---

① 马叙伦说"甲借为屈，音同见纽"（《庄子义证》第二十三卷十三页）。

② 楚昭王名珍与鲁昭公同时，在春秋末年。

③ 楚武王与鲁隐公同时，在春秋初年。

④ 《列子·汤问》有师文学鼓琴事，俞曲园谓即昭文。《吕氏春秋·君守》有郑太师文鼓瑟事，马叙伦也疑是昭文（具见《庄子义证》第二卷十二页）。当是楚国的人做了郑国的官。

疑问的黔中和汉中，是胡适太着急，把原书看脱了一半。《张仪传》上是说“秦要楚，欲得黔中地，欲以武关外易之”。黔中是楚地，到了顷襄王二十二年才为秦所取。“武关外”便是指的汉中，三篇文章并没有冲突。只是《张仪传》多提出了“秦欲得黔中地”的事实，后来楚也没有给它，不用说武关外的汉中也没有到楚国手里。第五大疑问的前称屈平后称屈原，更不能成为疑问，因为“屈原者名平”，司马迁在开首一句就交代清楚了，称平称原本是两可。前半有“怀王使屈原造为宪令”也明明称的是原。而且“高平曰原”见《尔雅》，“上平曰原”见《公羊》昭元年传，名平字原也是很合乎古训的，不能够说司马迁是误把两个人合成一个人。

据上所述可见胡适对于《屈原传》所发出的疑问均不能成立，更推到廖平所怀的疑问大约也不过如此。若要更进一步，疑及屈原这个人的存在，那就未免飞跃了。本来屈原和现在已经相隔了二千多年，所有实质上的物证都是消灭了的，假定他的尸首被捞出而埋葬，将来有那样的幸运把他的坟墓发掘了——传说秭归县（今湖北省秭归县）的屈沱有屈原的衣冠冢，但这是不可信的，只是后代的人所假托的东西——能够得到多数地底的证据，那是再好也没有的。但在目前仍然是只好信凭着和屈原相去不远的人们的著述。司马迁并不是对于屈原关心的第一个人，在他之前有长沙王的太傅贾谊和建都在楚末的旧都寿县的淮南王刘安。贾谊有《吊屈原赋》，收在《屈原贾生列传》里面。赋体既仿效《楚辞》，且多摹拟《离骚》的辞句，而赋中又明明说：

侧闻屈原兮，自沉汨罗。造托湘流兮，敬吊先生。

屈原在贾谊的耳目中是存在的。贾谊离屈原仅百余年，所寄寓的地方又是长沙，曾经亲眼见过屈原的故老都是有存在的可能的，关于屈原的遗说不用说是还十分新鲜。淮南王刘安是作过《离骚传》的人[①]，那篇传虽然失传，但在《屈原传》中还保存着一部分，便是“《国风》好色而不淫，《小雅》怨诽而不乱”至“推此志也，虽与日月争光可也”的那一节[②]。淮南王既住在楚的旧都，他的门下又有不少的文人学士，关于《离骚》的来历，他也必然是有所根据的。

还有《楚辞》里的《卜居》《渔父》两篇虽由近人的研究

① 《汉书·淮南王安传》：“时武帝方好艺文，以安属为诸父，辩博善为文辞，甚尊重之。……使为《离骚传》，旦受诏，日食时上。”王念孙谓“传当为傅，傅与赋古字通。……《汉纪·孝武纪》、高诱《淮南鸿烈解叙》、《太平御览·皇亲部》十六引均作赋”（《读书杂志》四之九，六页）。游国恩以为传或误为傅，傅又误为赋（《楚辞概论》二七八页）。案以游说为近是。

② 班固《离骚序》及《文心雕龙·辨骚》均如是说。

判定它们都不是屈原的作品，但那一定是屈原的后辈宋玉、唐勒、景差之徒所作。两篇都寄托于屈原，那也刚好证明屈原是确有其人。

有了贾谊和刘安以及作《卜居》《渔父》的作者楚人在前，《屈原传》在细节上纵使有疏失和为后人所窜改的地方，而在大体上是不能推倒的。更何况屈原的存在与否和《屈原传》的可靠与否也没有必然的关系。譬如从前的人说地球是方的，那自然是不可靠，然而我们不能因此就怀疑地球不存在。问题倒还是应该更进一步讨论《离骚》或其他认为是屈原作品的几篇，究竟是不是屈原所作。

廖平所说的“《诗经》本是天学”“《楚辞》是《诗经》的旁支”，那些话可以说完全是乱说。《楚辞》和《诗经》的相关在下章中还有讨论的机会，在这儿暂且不提。但他疑《离骚》是秦博士的作品，却有他的相当的根据。在上面所揭出的他的证据之外，我也可以替他想出两个证据。一个是“名余曰正则”的一句很像是在暗射吕政，这个证据在廖先生的著作中想来一定是有的，但秦始皇讳避政字，连正月都要改成“端月”[①]，哪有他的臣下作诗敢于直用正字？又一个是《离骚》

① 《史记·秦楚之际月表·索隐》“秦讳正，谓之端”。

的文辞主于以六字为句，和秦的“数尚六”颇相符，但这也只好说是偶然的现象。秦始皇时所作的一些有名的韵文，如《泰山刻石》《琅邪台刻石》《海上议》《芝罘东观铭》《芝罘西观铭》《刻碣石辞》《会稽刻石》[①]《峄山刻石》[②]等，却都是以四字为句。事实上秦人所作的文字都是很质实的，如《诗经》上的《秦风》、秦襄公时的《石鼓文》[③]，与同这些刻石辞，和《楚辞》的气韵格调完全不同。那是和民族的气质与地理的风土有关，无论怎么是不能扯在一道的。只有《楚辞》中的《大招》一篇，旧以为是屈原所作或景差所作的，要认为是秦人的文章倒还可以说得过去。那篇是摹仿《招魂》，但仅貌合而神离，不仅决不是屈原所作，而且还不会是景差或楚人所作。因为那里面有“自恣荆楚，安以定只”的一句话，荆是楚以外的人对于楚国的恶名，楚人自己是决不称荆的。而且在那里面又有“直赢在位，近禹麾只”的一句，“赢”我怕就是秦姓的“嬴”。不过那里面有好些“政”字，又有“正”字，犯了秦始皇的讳，或者怕因为是私家著述，不是公文，所以没有十分讲究吧。总之，除掉这《大招》而外，廖先生的新颖见解

① 以上均见《史记·秦始皇本纪》。

② 见《古文苑》。

③ 《石鼓文》是秦襄公八年所作，说详拙著《石鼓文研究》。

是完全说不过去的。关于高阳的一节，王逸的注已经说得很明白，楚人的传说也是以颛顼为祖先的，不限于秦。在古代传说中，嬴与芈两姓是共祖。

不过在《离骚》里面也还有一个疑问，便是那“名余曰正则兮，字余曰灵均”的两句。要说是屈原自述其名号，何以他不说名平字原？旧时的人有以为这是屈原的小名和小字的[①]，我看这种解说也未免吃力。在我的意思，以为正则和灵均是屈原的化名。文学作品惯用化名是古今中外的通例。屈原在我们中国要算是最先发明了这个例子。

屈原不仅是存在，而且很幸运地连他的生卒年月日都是可考的。这要算是古人中仅有的一例。

他的诞生年月日见于《离骚》，“摄提贞于孟陬兮，惟庚寅吾以降”。他是生于太岁在寅的那年正月的庚寅。据《吕氏春秋·序意》言“维秦八年，岁在涒滩”，知道公元前二三九年是申年。推数上去，公元前三四一年的楚宣王二十九年（周显王二十八年）该是寅年，但那年的正月小，庚申朔[②]，没有

① 蒋骥《山带阁注楚辞》引或说。

② 据日本新城新藏博士《战国秦汉长历图》（见《东洋天文学研究》，有沈璿中译本）。

庚寅那一天。我看这是因为岁星在事实上超了一次辰。岁星每八二·六年超辰一次，在那期间中超了一次辰，寅年便当得是公元前三四〇年。那年的正月小，甲申朔，庚寅是初七，与《离骚》相合。

至于他的死年是公元前二七八年的楚顷襄王二十一年（周赧王三十七年），死的月日据传说是五月五日。关于他这死年我在下章的论《哀郢》一节中要详细讨论，在此我只揭出我所得到的结论：屈原是活上了六十二岁的人。

由上可知屈原的生是上距孔子卒（公元前四七九年）一三九年，下距秦始皇兼并天下（公元前二二一年）五七年。他是生存于战国时代（公元前四六三—前二二一年）的后半期，是中国的统一快要完成的时代，也是中国的文化最为灿烂的时代。他的同时代的学者，比他稍前的有商鞅、申不害、环渊、接舆、尸佼、宋钘、孟轲、惠施、庄周、田骈、慎到、陈良、许行，比他稍后的有邹衍、公孙龙、荀况、韩非，整整同时的政治家和他有特殊关系的有苏秦和张仪。他的时代的确是群星丽天的时代，而他在这个时代中尤其是有异彩的一等明星。因为其他的人大概都是在理智方面发展的散文家，而他自己虽然也是一位政治人物，但同时是在感情方面发展的纯粹诗人。秦以前的诗人有诗集存在于世的就只有他一个。

他的同时代人中如环渊、陈良、许行是楚人，庄周是宋人，但和楚的关系很密切，这些人在他的思想和文艺上有怎样的关系，我要留在下边去讨论。

屈原的家世却不甚详细。据《渔父》知道他是三闾大夫，便是楚国的贵族屈、景、昭三氏之一。《史记》说他和楚同姓，那是不可推动的。他的父亲据《离骚》上说来是伯庸，那定然是号。古时候子孙称父祖的字号是常事，金文中这种例子屡见不鲜。但准正则与灵均为化名之例，伯庸是否也是化名却很难说。不过他的先世是有过功劳的人，《惜往日》上说：

> 惜往日之曾信兮，受命诏以昭诗。
>
> 奉先功以照下兮，明法度之嫌疑。

这是很明白的。第二句的意义，王逸说，是“君告屈原明典文也”，又说“诗一作时”，但照屈原的执掌上看来当以诗为正确。诗与辞通，《屈原传》上所说的“明于治乱，娴于辞令。入则与王图议国事，以出号令；出则接遇宾客，应对诸侯”，就是这一节的注脚。

他为楚怀王左徒在怀王十六年许秦绝齐之前，是他三十二岁以前的事。但究竟是哪一年就职，哪一年去职，却无可考。“左徒”的官职在令尹之下，颇不低贱，看《楚世家》说“考烈王以左徒为令尹，封以吴，号春申君”，便可以知道。

《离骚》又有“女嬃之婵媛兮，申申其詈予”的一节，《说文》：“嬃，女字也。《楚辞》曰‘女嬃之婵媛’，贾侍中说‘楚人谓姊为嬃’。”段玉裁注云：“王逸、袁山松、郦道元皆言女嬃屈原之姊，惟郑（玄）注《周易》‘屈原之妹名女须’，《诗正义》所引如此。”据此可知对于“女嬃”有二说，或以为姊，或以为妹。但“嬃”又有“妾”义，《易·归妹》“归妹以须”，陆德明《释文》引陆注“须妾也”。“须”即“嬃”的省略。朱熹的《楚辞集注》也以“嬃”为“贱妾之称”，但他又说以“比党人”，解“婵媛”为“妖态”，那却不免是道学家的见解了。据我看来，“女嬃”不应该是屈原的姊或妹。因为《离骚》是屈原晚年六十二岁的作品（说详后），在那时候不应该还有老姊和老妹陪着他过窜逐的生活，而且做老姊、老妹的人也不好那样“申申”地去骂他。“女嬃”可以解为屈原的侍女，“婵媛”为其名。《九歌》的《湘夫人》歌里面，有“女婵媛兮为余太息”，正可以为互证。又如把“女嬃”解为天上的星名“须女”，似乎也可通。因为《离骚》里面，以丰隆（云神）、望舒（月神）等为仆御，则以须女为侍，亦很近情理。

屈原的后人大约会是有的。据《长沙府志》，称屈原有子。虽不知其何所据，但他的故乡还有屈姓存在，至少螟蛉也是应该有的。

屈原的故乡，据郦道元《水经注·江水注》，是在秭归县境内。他引袁山松说：

> 屈原有贤姊，闻原放逐，亦来归，喻令自宽全。乡人冀其见从，因名曰秭归。即《离骚》所谓“女媭婵媛以詈余”也。

这完全是臆解。因为屈原被放逐之地是在“汉北”（见《抽思》），后又自窜湘沅间，并非归老故乡。秭归的“归”字是古归子国的孑遗，金文有《归伯簋》，便是那个归国的遗器。秭字不能解，并不是因为姊姊回来而名之曰“秭归”。但同一注文上又说：

> 县东北数十里，有屈原旧田宅，虽畦堰縻漫，犹保屈田之称也。县北一百六十里，有屈原故宅，累石为室基，名其地曰乐平里。宅之东北六十里，有女媭庙，捣衣石犹存。

又引《宜都记》曰：

> 秭归，盖楚子熊绎之始国，而屈原之乡里也。原田宅于今具存。

乡里的说法大约是正确的，但女媭庙便是后人因《离骚》及其旧解而附会出来的东西。

屈原是产在巫峡邻近的人，他的气魄的宏伟、端直而又婉婉，他的文辞的雄浑、奇特而又清丽，恐怕也是受了些山水的影响。关于巫峡，《水经注》上有一段文章描写得很好，我不妨把它抄录在这儿，对于屈原及《楚辞》的了解上或许有点帮助。

> 江水历峡，东径新崩滩……其间首尾百六十里，谓之巫峡，盖因山为名也。自三峡七百里中，两岸连山，略无阙处，重岩迭嶂，隐天蔽日，自非停午夜分，不见曦月。至于夏水襄陵，沿溯阻绝。或王命急宣，有时朝发白帝，暮到江陵。其间千二百里，虽乘奔御风，不以疾也。春冬之时，则素湍绿潭，回清倒影。绝𪩘多生怪柏，悬泉瀑布，飞漱其间，清荣峻茂，良多趣味。每至晴初霜旦，林寒涧肃，常有高猿长啸，属引凄异，空谷传响，哀转久绝。故渔者歌曰：巴东三峡巫峡长，猿鸣三声泪沾裳。

这段描写是可以信任的。我是经过过巫峡的人。我经过的时候是在秋天，虽然不曾领略过春冬和夏季的情景，并也不曾听见过猿声，但那峡中的风光的确是颇有神秘的趣味。屈原的辞赋在这种风味上很和三峡接近。

二

屈原的存在既不可动摇，我要进而讨论他的作品。

屈原作品见于《史记·屈原传》的有《离骚》《天问》

《招魂》《哀郢》《怀沙》。《汉书·艺文志》的《诗赋类》首揭“《屈原赋》二十五篇”。王逸的《楚辞注》本，是以《离骚》、《九歌》（十一篇）、《天问》、《九章》（九篇）、《远游》、《卜居》、《渔父》共二十五篇为屈原所作，篇数与《艺文志》相符。而以《招魂》为宋玉所作，和司马迁的说法便相违背。关于这二十五篇的配合，后来讨论的人意见纷纷不一，但我觉得在这儿没有纠缠的必要。大率王逸所根据的古本和《艺文志》所著录的是一套，是司马迁以后的人所纂集的（或者即是刘向父子所为），故和《史记》不同。问题的要点是当来讨论：王逸所列的二十五篇是不是全为屈原所作？《招魂》的作者究竟是屈原还是宋玉？各篇作品的时代是否可考？至于篇数的离合都是枝叶上的问题，并且讲起来有时是很可笑的。我在下面论《九章》的一节中要稍稍说到。以下依王逸本的次序，就各篇的文字来作分论。

甲　《离骚》

《离骚》是屈原作的，断无可疑。汉时的著录如《史记·屈原传》、司马迁的《报任少卿书》（首见《汉书·司马迁传》）、刘向的《新序·节士》《汉书·贾谊传》《风俗通·六国》都是一致地主张着。就是《离骚》本身中也有它的内证。

余以兰为可恃兮，羌无实而容长；

委厥美以从俗兮，苟得列乎众芳。

椒专佞以慢慆兮，榝又欲充夫佩帏；

既干进而务入兮，又何芳之能祗？

这儿所说的“兰”，王逸以为是令尹子兰，所说的“椒”以为是楚大夫子椒（洪兴祖补注谓《古今人表》有令尹子椒），由前后文意看来，这些解说是正确的。屈原的确是在用隐喻来指责当时的权贵。因为兰和椒是《离骚》中通体所赞美着的东西，在这儿突然变了，我们很可以揣察到他的用意之所在。

至于作《离骚》的时期，《屈原传》叙在屈原被怀王疏远之后，《报任少卿书》又说“屈原放逐，乃赋《离骚》”。这两个见解在司马迁自己本来是有先后之不同。屈原第一次见“疏”，并不是“放逐”。而屈原的被放逐是在顷襄王时代。《报任少卿书》后于《屈原传》，我们可以看出司马迁到后来是把自己旧时的见解修正了。这个修正的见解我觉得是对的。因为《离骚》和《怀沙》、《惜往日》等篇的辞意气韵多属相同，而《离骚》的末尾一句“吾将从彭咸之所居”，也和《怀沙》的“知死不可让兮，愿勿爱兮”、《惜往日》的“不毕辞而赴渊”的意趣别无二致，同是屈原所留下的绝命辞。因为彭咸是死了的人，他的“所居”无论是在天上或地下，要屈原去“从”都非他死去不可的。但不幸的是《屈原传》在见“疏”之后，被“迁”之前，又用了“放流”两个字，被人误解了，便生出了屈原两次被放逐的揣测，于是乎司马迁的第二个见解也就被湮没了。自刘向的《新序》以来大率都认《离骚》为屈原在怀王时第一次被放逐后的作品，那是错误了的。又有人说《屈原传》“王怒而疏屈平”的“疏”字是“流”字的错误，那也是拘泥着“放流”两个字的误解而生出的臆说。其实上官大夫在怀王面前所诋毁屈原的罪状，仅仅是夸功，并不就是该受流刑的大罪。而且如果是受了流刑，后来又使齐，又谏王，那倒真是讲不通的。一笔糊涂账就是从错解了两个字来，说穿了我相信是可以清算的。我要再说一遍，“放流”就是“放浪”，并不是“放逐”！

总之，《离骚》是屈原在顷襄王时真正被放逐后的东西，是屈原的晚期作品，也是他最成熟的作品，《九章》中有好几篇都是这篇大作的前驱。看它已言到“济沅湘以南征，就重华而陈词”，可知它的作期是在到了江南以后，大约是在《怀沙》之前，在长沙时作的。

还有关于“离骚”两字的解释，自来也异说纷纷，大率都是望文生训的臆说，只有近人游国恩讲得最好。他说：

> 《汉书·扬雄传》载雄榜《惜诵》以下至《怀沙》一卷，名曰《畔牢愁》。“牢愁”古叠韵字，同在“幽”部，韦

昭训为“牢骚”。后人常语谓发泄不平之气为“发牢骚”，盖本于此。“牢愁”、“牢骚”与“离骚”古并以双声叠韵通转。……其声再转，又为唐人语的“憚㤴”了。[1]

这个见解是很正确的，的确是一大发明。游先生又见到《大招》的“伏戏《驾辩》，楚《劳商》只，讴和扬阿，赵箫倡只”中有“劳商”两个字，王逸以为是楚歌，他却更进一步，说就是《离骚》。“劳商”与“离骚”并为双声字[2]，这也是再确切也不过。但他说“离骚”“劳商”是楚国的一种曲名，好像是楚国先有了这种曲，而屈原又才来按谱作他的《离骚》一样，我觉得有点不大圆满。据我的揣想，《大招》本是秦人作的，大约因为有了屈原的《离骚》之后，便成了楚声的代表名，就如后人称《楚辞》文体为“骚体”的一样，声转入秦而成为“劳商”，这也足证嬴秦之前是已经有了《离骚》的。还有“驾辩”两个字，王逸也说是曲名。据我看来就是《九辩》，九和驾是双声字。《九辩》和《九歌》，据《离骚》和《天问》明明说是启乐，在《大招》却说是伏戏的，这也足证《大招》绝不是楚人的作品。还有《九辩》的“九”字并不

① 《楚辞概论》一二五页。

② 《楚辞概论》一二四页。

是数目名。宋玉的《九辩》本是拟古，并没有分章，洪兴祖把它分成十章还勉强可通，朱熹硬要派它成九章以合“九”的数目，那是未免有点滑稽的。

乙　《九歌》

《九歌》一共是十一章，目次是《东皇太一》《云中君》《湘君》《湘夫人》《大司命》《少司命》《东君》《河伯》《山鬼》《国殇》《礼魂》。这《九歌》和《九辩》一样，并不是数目有九。《九歌》和《九辩》都是夏启王的歌曲，《离骚》说“启《九辩》与《九歌》兮，夏康娱以自纵”，《天问》“启棘宾帝[①]，《九辩》《九歌》”，《山海经》的《大荒西经》也说“夏后开（**即启**）上三嫔于天，得《九辩》与《九歌》以下”。郭璞注引《归藏启筮》“昔彼九冥，是与帝辩同宫之序，是为《九歌》”。可见《九歌》和《九辩》都是因九冥而得名。但在《左传》和《周礼》上却已经把它当成数目字在讲。《左传》文七年言“《夏书》曰：‘戒之用休，董之用威，劝之以《九歌》，勿使坏。’九功之德皆可歌也，谓之九歌。六府、三事，谓之九功，水、火、金、木、土、谷，谓之六府，正德、利用、厚生，谓之三事”。又昭二十年

① 原作“商”，乃“啻”之讹，古金文“啻”与“帝”通作。

言“一气、二体、三类、四物、五声、六律、七音、八风、九歌，以相成也”。又二十五年言“为九歌、八风、七音、六律，以奉五声”。三项都沾扯到了五行，我看都是刘歆作的怪。作伪书《大禹谟》的人更糊涂到把文十年传文的解释语都偷去作了“《夏书》”。《周礼》的《春官·大司乐》也说“九德之歌，九磬之舞”。这一样是刘歆玩的把戏。《左传》和《周礼》都是被刘歆窜改过的东西，在这些地方正一样地露着马脚。知道“九”并不是数名，便可以知道凡旧时的人对于这十一篇的分合，以及求合于《汉书·艺文志》的二十五篇的牵就，都是一笔糊涂账，那是没有一顾的价值的。

《九歌》的作者，王逸以为屈原，当然是承袭着《艺文志》以来的旧说。他说：

> 《九歌》者屈原之所作也。昔楚国南郢之邑，沅湘之间，其俗信鬼而好祠。其祠，必作歌乐鼓舞以乐诸神。屈原放逐，窜伏其域，怀忧苦毒，愁思沸郁，出见俗人祭祀之礼，歌舞之乐，其词鄙陋，因为作《九歌》之曲，上陈事神之敬，下见己之冤结，托之以风谏。故其文意不同，章句杂错，而广异义焉。

朱熹的《楚辞集注》对于他这种说法稍稍改正了一下，是说本来有那样的神曲，但因为“文词鄙俚”，又不免有“亵慢荒淫”的地方，是放逐后的屈原把它删改了的。到了胡适的《读楚辞》却又倡出了异论，他说：

> 《九歌》与屈原的传说绝无关系，细看内容，这九篇大概是最古之作，是当时湘江民族的宗教歌舞。

他这个新说又为陆侃如、游国恩所继承而扩充着，他们都说了一些理由，但都难以令人首肯。他们是看到这十一篇的内容和《离骚》等篇的专表忧愁幽思的不大相同，而格调也有些悬异，故要把它们特别区划出来，剥夺屈原的著作权。但把这十一篇通盘看来是一个体例，必然是一人一时所作出来的东西。所谓格调的不同是句句用“兮”字，又把来夹在句中，但这种句法在《九章》的《涉江》中是屡屡用着的。而且还有一个重要反证，为三位所看脱了的，便是十一篇中有《河伯》的一篇。楚人经常祀河，必须在楚的疆域已经达到了黄河流域以后。春秋末年楚昭王有病，卜问的结果是黄河为祟。他的臣下便请祷河，昭王不肯。他说的话是：

> 自吾先王受封，望不过江、汉，而河非所获罪也。

这段故事见《史记·楚世家》，也见《左传》哀六年，据此可知《河伯》一篇决不能作于鲁哀公以前，而同时也可以推定是应该作于楚惠王十年灭陈（**是年孔子卒**）以后。宣十二年邲之战，楚军虽曾祀河，但只是临时性质。故《河伯》断然是战国时代的作品，同时和它格律相同的其他的十篇也必然是战国时代的作品。游国恩根据《国殇》中有车战的描写，以为“车战之法到战国时已经不用，可见《九歌》必是战国以前春秋的产品”。[①]其实车战的全废当在赵武灵王习胡服骑射以后，武灵王与楚怀王同时。又春秋时人称大国每言“千乘”，而战国时人则言“万乘”，苏秦游说列国，屡举出各国车乘的实数（见《史记·苏秦列传》），足证车战之法在战国时还曾盛极一时。况《国殇》乃伊古以来之死国事者，自不能专门用新武器来从事歌咏。游先生又说到“吴戈”的“吴”字，以为吴越之“吴”，那也不大正确。“吴戈”其实即是“吴科”，刘熙《释名》又作“吴魁”，乃盾之别名。吴国在战国开首的三四年间早已是灭亡了的。

据我的看法，《九歌》应该还是屈原的作品，当作于他早年得志的时分，而不是在被放逐之后。要这样看，对于屈原的整个发展才能理解。一个伟大的诗人不能说在晚年失意的时候突然产出了一批长篇大作的悲哀诗，而在早年得志的时候却不曾有些愉快的小品。并且《九歌》的艺术异常的美妙，由内容看来，爱用美人香草，爱写超现实的境界，在遣辞用意上

---

① 《楚辞概论》七八页。

和《离骚》等篇均有一脉相承的痕迹，那其间的历程，是毫没有理由要嵌上一两百年进去的。

丙　《天问》

《天问》这一篇司马迁首先认定是屈原所作。这所依据的一定是旧说，不会有问题，那末尾有“何试上自予，忠名弥彰”的一句，我推定它是作在顷襄王时被放逐于汉北以后，是在《悲回风》之后，《哀郢》之前。

这篇文字在研究中国的古代史上可以说是极重要的一项资料，它替我们保存下了无数古代的神话传说，可惜直到现在有好些都还不得其解。还有它所叙述的传说顺序和北方或后代的人所“信史”化了的事迹多不相符，因此便愈使人不得其解。王逸早就说它“文义不次序”，更有妄作聪明的人说它是错简，替它另行编辑了一个次序的。至近人的胡适更说“《天问》文理不通，见解卑陋，全无文学价值，我们可断定此篇为后人杂凑起来的”（《读楚辞》）。这些却真真是活天冤枉！其实《天问》这篇要算空前绝后的第一等奇文字。全篇以一“曰”字领头，通体用问语，一口气提出了一百七十二个问题。以那种主于以四字为句、四句为节的板滞的格调，而问得参差历落，奇矫活突，毫无板滞的神气，简直可以惊为神工。而那所提出的问题，从天地开辟以来一直问到他自己，把他对于宗教信仰上的、神话传说上的、历史记载上的、人生道德上的各种各样的怀疑，都痛痛快快地表示了一个淋漓尽致。那种怀疑的精神、文学的手腕，简直是前无古人而后无来者。怎么能说成“文理不通，见解卑陋”来呢？更单就它替我们保存下来的真实的史料而言，也足抵得过五百篇《尚书》。那里面有好些传说还是被封锁着的，我们还没有找到打开它的钥匙。但有些也很幸运地是由地底有新资料出土把它打开了。例如：

该秉季德，厥父是臧，

胡终弊于有扈，牧夫牛羊？

恒秉季德，焉得夫朴牛？

何往营班禄，不但还来？

这几节是叙在殷代的先公里面的，自来不得其解。直到近年，王国维在由安阳小屯所发掘出的殷代卜辞里面发现了殷的先人中有王亥、王亘和季的名字，才揭穿了这儿的“该”“恒”“季”几个字的哑谜。特别是该的故事，在《山海经》和《竹书纪年》中还找着了比较详细的记述。

有困民国勾姓而（脑）食。有人曰王亥，两手操鸟，方食其头。王亥托于有易、河伯仆牛，有易杀王亥，取仆牛。（《大荒东经》）

郭璞的注引古本《竹书纪年》云：

殷王子亥宾于有易而淫焉，有易之君绵臣杀而放之。

是故殷王甲微假师于河伯以伐有易，灭之，遂杀其君绵臣也。

就这样，由种种的新旧史料参互证明，知道了该、王亥、殷王子亥通是一人，而有易与有扈也是传闻而异其辞的一个国族。以上是王国维的发现。单有这一发现也就尽足以证明《天问》一篇断不是“后人（所）杂凑起来”的。而且由这里可以发掘出的宝物还没有尽境。例如在叙殷的先公先王的时候，把舜和象的事也叙在里面，这也是后代的人所不能了解的。但在殷代卜辞里面，王国维又找着了一位“高祖夒”，被他证明了就是《山海经》中所屡见的帝俊，也就是后人称为名夋的帝喾。“喾”和“夒（猱）”是音近通用，“夒”和“夋”或“俊”是形近而讹[①]。其后更经我的证明[②]，知道帝喾、帝俊、帝舜、高祖夒实是一人，舜又是俊或夋的音变，古代的传说被周末北方的儒者搞乱了，把帝喾和帝舜化为了两个人，故尔后来的人便于《天问》不得其解。知道舜就是帝喾，那他的事迹自然该叙在殷的先公里面和夏的桀王以后。而舜的兄弟

① 王说具见《观堂集林》卷九《卜辞中所见殷先公先王考》及《续考》。

② 拙说见《甲骨文字研究》上册《释祖妣》。

象，所谓“眩弟并淫，危害厥兄，何变化以作诈，而后嗣逢长”的，叙在把有扈灭了的上甲微之后而成汤之前，也就适得其所。孟子说过“象封于有庳”（《孟子·万章上》），有庳也就是有扈。以象的那样诡诈，他的后嗣直到上甲微的时代才遭了翦灭，故不能不说是“逢长”了。此外可发现的东西还很多，但要等待辛苦的发掘和能做那种辛苦工作的人。

丁　《九章》

《九章》的目次据王逸本是《惜诵》《涉江》《哀郢》《抽思》《怀沙》《思美人》《惜往日》《橘颂》《悲回风》。班固的《离骚赞序》说：“至于襄王，复用谗言，逐屈原在野，又作《九章》赋以风谏。”王逸说：“《九章》者，屈原之所作也。屈原放于江南之野，思君念国，忧心罔极，故复作《九章》。”但这《九章》并不是一时所作的，而《九章》的命名也和《九歌》《九辩》等不同，并不是屈原自己所命的名字。《九章》中的《哀郢》与《怀沙》见《屈原传》，但无《九章》之名。《汉书·扬雄传》上说“（雄）又榜《惜诵》以下至《怀沙》一卷，名曰《畔牢愁》”，也还很明显地没有用《九章》的名字。朱熹以为“后人辑之，得其九章，合为一卷，非必出于一时之言也”，我看是说得最为恰当。这辑录的人我怕就是刘向父子。因为恰好有九篇，故汇集起来，仿效误解了的《九辩》与《九歌》的意思，而名之为《九章》。

关于《九章》的次第，研究者的意见也各有不同。据我看来，《橘颂》作得最早，本是一种比兴体，前半颂橘，后半颂人，所颂者不知究系何人。这里面找不出任何悲愤的情绪，而大体上是遵守着四字句的古调。其余的八篇气象和格调都迥然不同，都是在顷襄王时被放逐以后作的。

关于屈原放逐的年代，我的见解和旧时的人不同，我始终认定屈原在怀王时不曾被放逐。而他在顷襄王时的放逐应该在顷襄王六年以后。这里《史记·楚世家》上有一段记述是值得注意的：

> 顷襄王三年，怀王卒于秦，秦归其丧于楚。楚人皆怜之，如悲亲戚。诸侯由是不直秦。秦楚绝。
>
> 六年，秦使白起伐韩于伊阙，大胜，斩首二十四万。秦乃遗楚王书曰："楚倍（背）秦，秦且率诸侯伐楚，争一旦之命。愿王之饬士卒，得一乐战。"楚顷襄王患之，乃谋复与秦平。七年，楚迎妇于秦。秦楚复平。

在怀王死后三年之间秦楚是断绝了关系的。屈原是主张绝秦的人，秦楚的断绝关系，便是屈原的主张得到胜利，屈原在这期间没有被放逐的理由。在顷襄王六年议与秦恢复旧好，到七年公然又腼颜事仇的时候，屈原一定力争过，但他终竟遭了失败，故他的被逐当在这一二年间或稍后。《离骚》上所说的“初既与余成言兮，后悔遁而有他”，《抽思》上所说的“昔君与我成言兮，曰黄昏以为期。羌中道而回畔兮，反既有此他志”，都应该是指斥的顷襄王初绝秦而又改变的这段事实。故尔《橘颂》以外的八篇和《离骚》《天问》都是顷襄王六七年以后的屈原的晚期作品。

至于那八篇的先后，在我看来该得以《悲回风》《惜诵》《抽思》《思美人》《哀郢》《涉江》《怀沙》《惜往日》为次。《悲回风》最为悲愤，是他初遭放逐时感情最激烈的时候作的。《惜诵》《抽思》《思美人》要来得缓和一点，是悲愤稍稍平淡了，由追忆的情怀所荡漾出来的东西。据《抽思》的“有鸟自南兮，来集汉北”，可以推定屈原的谪地是在楚国的北境。《思美人》和《抽思》的情怀是相连的，大约是一个时期的作品。那里面说“指嶓冢之西隈兮，与纁黄以为期”，也明明表示他在北境。但又说“开春发岁兮，白日出之悠悠。吾将荡志而愉乐兮，遵江夏以娱忧”，好像又在南边。但我们要注意那个“将”字，他是说到明年开春的时候想到南方去。故尔那篇末的“独茕茕而南行”也和《抽思》的“狂顾南行，聊以娱心”是一样的。《哀郢》以下的诸篇当作于到了江南以后。

《哀郢》的一篇，应该从王船山说，是顷襄王二十一年楚为秦兵所败，郢都为秦白起所据，“东北保于陈城”时作的[①]。那时候白起的军势来得异常凶猛，《史记》仅说他“拔郢，烧先王墓夷陵”，而韩非的《初见秦》却说“秦与荆人战，大破荆，袭郢，取洞庭、五湖、江南。荆王君臣亡走，东服于陈”，楚国实在到了几乎快要亡国的形势。《哀郢》开首的几句：

皇天之不纯命兮，何百姓之震愆？

民离散而相失兮，方仲春而东迁。

完全叙的是国破家亡的情感。“东迁”就是“东北保于陈城”。又所谓“曾不知夏之为丘兮，孰两东门之可芜”，“夏”通“厦”，王逸注为“大殿”，最为正确，也可以想见那时的焚烧的惨状。我们请想，屈原是被放逐在汉北的，当秦兵深入时，他一定是先受压迫，逃亡到了郢都。到郢都被据，又被赶到了江南。到了江南也不能安住，所以接连着作了《涉江》《怀沙》《惜往日》诸篇，便终于自沉了。

《哀郢》的“东迁”是在“仲春”。《涉江》“乘鄂渚而反顾兮，款秋冬之绪风”是说秋冬的寒风还有绪余，时令相

① 见王船山《楚辞通释》。

接。《怀沙》说“滔滔孟夏兮，草木莽莽。伤怀永哀兮，汩徂南土”，南行的时刻是在孟夏。“怀沙”当据蒋骥说是“怀长沙”的意思（《山带阁注楚辞》）。屈原南行至长沙，由长沙再返向汨罗，故有“进路北次”之语，戴震《屈原赋注》所引的方晞原说也是正确的。到了《惜往日》便言“临沅湘之玄渊兮，遂自忍而沈流”，又言“不毕辞而赴渊”，那自然是屈原的绝笔了。据传说屈原是死于五月五日，时令也还是完全相连。

以上就我的考察，屈原的死是在顷襄王二十一年，那么屈原的年纪便好像有点问题。屈原生于公元前三四〇年的正月初七，那年是楚宣王三十年（周显王二十九年），下距楚顷襄王二十一年（周赧王三十七年，即公元前二七八年），共六十二年。屈原要算活了六十二岁。这个年纪似乎未免太长。但《涉江》上明明说过：

余幼好此奇服兮，年既老而不衰。

古者“七十曰老”[①]和这实在的年纪是相符的。屈原有了那样大的年纪还要自杀，好像又有点难解。但在这难解之中刚好证明《哀郢》一定是楚顷襄王二十一年国破迁陈时的作品。屈原被放逐了，是忍耐了多年而没有自杀的人。《哀郢》说“忽若

① 见《说文》及《礼记·曲礼注》等。

去不信兮，至今九年而不复”，这九年还不仅只是九个年头：九在古是视为极数，他的被放自顷襄王七年至二十一年是应该有十五个年头的。他忍耐了这样久而没有自杀，可见得单单的被放逐与不得志，不能成为他的自杀的原因。他的所以年老了而终于自杀的，是有那项国破家亡的惨剧存在的！

戊　《远游》《卜居》《渔父》

这三篇并不是屈原作的，陆侃如和游国恩都说得很明白[①]，我无异辞。只是《远游》整钞《离骚》和司马相如《大人赋》的地方太多，而结构与《大人赋》亦相同，我疑心就是《大人赋》的初稿。《史记·相如列传》说：“臣尝为《大人赋》，未就，请具而奏之。”据此看来，分明是有未就的稿本与具奏的定本两种。因为稿本未脱《楚辞》的窠臼，不好拿去见皇帝，所以他以“未就”目之。待到具奏本，他只把稿本的精粹语保存了下来，而用自己既成的风格来完全改作了一遍。稿本被后人寻得，因首韵有“远游”二字遂摘以为篇名，又因多整袭《离骚》的地方，遂被收入《楚辞》而误认为屈原所作。《卜居》和《渔父》当是宋玉、景差之徒作的，都是很轻妙的文章，而且还替我们保证着屈原是果有其人。

---

① 参看陆、游二位所著《屈原》及《楚辞概论》。

己　《招魂》

这篇文章《史记》明说是屈原的作品，据我看来也明白地是为追悼楚怀王而作。文辞中所叙的宫庭居处之美、饮食服御之奢、乐舞游艺之盛，不是一个君主是不能够相称的。王逸认为宋玉作来招屈原，林云铭辈又认为屈原自招（《楚辞灯》），都是不正确的。屈原是自称为“贱贫”的人（《惜诵》“忽忘身之贱贫”），哪里有那样的豪兴！认为自招者的根据，是因为文的开首有一个“朕”字，文的煞尾有一个“吾”字。那些第一人称代名词诚然是作者的自称，但被招的却不是这“朕”和“吾”。那头几句是：

朕幼清以廉洁兮，身服义而未沫。

主此盛德兮，牵于俗而芜秽。

上无所考此盛德兮，长离（罹）殃而愁苦。

这儿所说的“主此盛德”以下便是指的怀王，是说以此有盛德者为君，而此有盛德者不幸为俗所牵累，遭了芜秽。这上古以来所未曾见的盛德者，不幸是长久受了祸殃而不得解脱。须要知道“牵于俗而芜秽”的并不是“身服义而未沫”的“朕”，不然那文义岂不矛盾?

再看煞尾的所谓“乱”。那儿开首说“献岁发春兮，汩吾南征”，接着又说“与王趋梦兮，课后先。君王亲发兮，惮青兕”，落尾是“魂兮归来，哀江南”。这儿的“吾”和“君王”更是分析得明明白白的。自称为“吾”者所招的“魂”是“君王”的魂，而不是“吾”的魂。

还有《招魂》中巫咸的招辞都在每句的煞尾上有一个“些”字，有人说这是空前绝后的一种体裁，又有人说和“兮”字音同字通，都是不妥当的见解。据我看来“些”字和《周南·汉广》与《周颂·赉》的“思”字是一个系统。

《汉广》

南有乔木，不可休思。[1]

汉有游女，不可求思。

汉之广矣，不可泳思。

江之永矣，不可方思。

《赉》

文王既勤止，我应受之，敷时绎思。

我徂维求定，时周之命，于绎思。

体裁和《招魂》完全相同，“些”“思”是一声之转。至于“兮”字古音当读如“阿”。关于这个字，孔广森有一段很透辟的见解：

---

① 此“思”字今本误为“息”，今正。

兮，《唐韵》在十二齐，古音未有确证。然《秦誓》“断断猗”，《大学》引作“断断兮”，似兮猗音义相同。猗古读阿，则兮字亦当读阿。尝考《诗》例，助字在韵句下者必自相协。若《墓门》之止同用，《北门》之哉同用，《采菽》之矣同用，皆“之咍部”字也。兮字则《旄丘》《君子偕老》《氓》《遵大路》皆与也同用。今读兮为阿，于也声正相类。又《九歌》“愁人兮奈何，愿若今兮无亏”，《天问》“斡维焉系？天极焉加？八柱何当？东南何亏”，亏字亦五支之当改入“歌戈”者。《说文》本从亐，或从兮，未必非兮声也。（**《诗声类·阴声歌类》末附**）

这个见解是无可怀疑的。从字形上说来“兮”字是叫人张口发出“丂”（同考）声，“八”就是张口的意思，那样发出来的声音自然和“阿”声极相近。知道这个“兮”字的发音来读《楚辞》，可以知道《楚辞》就是当时的白话。“兮”字的所在是表示音节，这种读法在后人读诗的音调上也还是保存着的。譬如我们读王绩的《过酒家》：

此日长昏饮，非关养性灵。

眼看人尽醉，何忍独为醒？

在“饮”字和“醉”字下总是要拉长着发出一个“阿”声来的。读七言诗时也是这样，又如这个“阿”声读五言时放在每句的第二字下，读七言时放在每句的第四字下，那便成为《九歌》的体裁。知道这层可以解决《楚辞》“兮”字的秘密，同时也可以知道《诗经》中何以《国风》里面常见“兮”字，而“大小《雅》”和《周颂》里面几乎一个也没有[①]。这是因为《国风》是当时的民间口头文学，而《雅》《颂》是当时的庙堂文学。

“兮”字在古时北方的文字中每每用“乎”字来代替。“乎”字最古的发音应该是“哈”（ha），感叹词的“乌乎”也就是“啊哈”。乌是鸦的古字，是由鸦叫的声音得来。

还有孔广森说和“兮”字协韵的“也”字，古音是读如“呀”的。关于这个字，陆侃如在《楚辞》里发现了一个秘密，他说“觉得他（也字）实等于疑问号及惊叹号”[②]。我们如晓得把它当成“呀”字读，他这种说法是可以不用解释的。

据此可知，古时的人用“猗兮乎也”，也就和今时的白话文用“啊呀吧吗”一样。固执文言的夫子们对于前者叩头百拜，对于后者则肆口谩骂，其实他们自己是毫不通古文的。

---

① 《鲁颂·有駜》有“兮”字，因为已经是春秋时的作品，但“兮”字也极少。《商颂》也是春秋时宋国的作品，也没有一个“兮”字，因为同是台阁体的原故。

② 陆著《屈原》附录第六页。

在这儿我顺便还要解决一个字，便是《楚辞》在煞尾处每每要用短歌来作结，称为“亂”如《离骚》《抽思》《哀郢》《涉江》《怀沙》《招魂》都是有这“亂”的。《抽思》的煞尾更是用的三重奏，有“少歌”，有“唱”，最后是“亂”。“少歌”即“小歌”。“少歌”“唱”，我们都可以了解，“亂”实在令人难于了解。王逸说：“亂，理也。所以发理词指，总撮其要也。”古书上也每每有“训亂为治”的[①]，其实这已经就是一件怪事体，“治”“亂”音既不同，义又正反，哪里会有相反的东西来相训的呢？假使“亂”可以训“治”、训“理”，那么“理”和“治”不也可以训为“亂”吗？为着一个“亂”字，讲《尚书》的人就每每闹乱子。但在我们研究过殷周金文的人，这件怪事是已经解决了的。古金文凡司徒、司马、司空的“司”字都作“𤔲”，有治理的意思，即治丝之象。有时也写作“辭”（见《兮甲盘铭》），两个字其实是一个字。古文的“亂”字只作“𤔔”。或作“𤔲”。“亂”字实在是别字，是“𤔲”字写错了的。凡是古书上有“亂”字应该训“治”的地方应该通作“𤔲”。“𤔲”就是“辭”，可以知道《楚辞》的“亂曰”本来是

① “训亂为治”的地方极多，可参考《经籍纂诂》卷七十四的“十五翰”的“亂”字。

作“𤔲曰”，即“辭曰”。这便是《楚辞》的“辭”的命名之所由来。贾谊的《吊屈原赋》上又作“讯曰”，那也是词字的错误，即是“词曰”。据此可知《楚辞》的“辭曰”在汉初还没有弄错，是后世不通古文的人把它认错了的。这一错一直错了两千多年，我相信那些不通古文而盲从古文的人，就经过我这样说穿，恐怕也还会有人以为我是在捣亂的。但这个“亂”字实在是值得捣它一下。

以上我把屈原的作品通同检点了一下，据我看来，他的作品可以分为三期。

第一期　《橘颂》《九歌》《招魂》

第二期　《悲回风》《惜诵》《抽思》《思美人》《天问》

第三期　《哀郢》《涉江》《离骚》《怀沙》《惜往日》

《橘颂》《九歌》最早，绝对的年代不能断定，大抵作于楚怀王时，是四十岁以前的东西。《招魂》作于楚怀王死时，是顷襄王三年，屈原四十六岁时作的。第二期的全部作于五十岁以后至六十二岁，长久被放逐在汉北的十一二年中。第三期的全部是作于六十二岁时二、三、四、五的几个月之间，是诗人精神最后一次强烈的燃烧。在这儿或许又有人要发出疑问：屈原到了那样大的年纪为什么还有那样的魄力，作得出《离骚》那样的长诗？这个疑问，我们如想到德国的歌德在他八十岁前后把《浮士德》第二部完成了的事例，是无须乎再费笔墨来解答的。

三

中国的真实的文化期起源于殷代。殷人在公元前一一〇〇年前后为周人所灭，周人便继承了他的文明。周人本来是后起的民族，在文王的祖父太王的时候，都还在穴居野处[①]。殷代末年特别是帝乙和帝辛两代征伐东南夷，几乎倾尽了全力，没有功夫顾到西北，因而周人便乘着机会兴盛起来了。

关于东南夷在《后汉书》的《东夷传》上有比较详细的记载。那里说：

> 夷有九种，曰畎夷、于夷、方夷、黄夷、白夷、赤夷、玄夷、风夷、阳夷。……殷汤革命，伐而定之。至于仲丁，蓝夷作寇。自是或服或畔，三百余年。武乙衰敝，东夷浸盛，遂分迁淮、岱，渐居中土。

① 见《诗·大雅·緜》，诗中的古公亶父即太王，说见《孟子》。近人顾颉刚说他不是太王，其实他没有细细考究，周人在太王以前的传说都是后来假造的。

这里面所列的九夷不一定都在东南，有些是在东北或北方的，如像畎夷便是犬戎即匈奴。但如于夷和方夷便的确是在东南。帝乙时代的卜辞里面征伐夷方和盂方的记录很多，期限也很长[①]，师次的地方大都在山东和淮河流域一带。夷方大约就是方夷，盂方一定就是于夷。到殷纣王的时候，《左传》昭四年“商纣为黎之蒐，东夷叛之”，又在昭十一年“纣克东夷而陨其身”，可见殷纣王是打了胜仗而亡了国。这殷和周的关系颇有点像后来的吴和越的关系。吴到中原，在黄池会上与晋争雄，而他的后方却为越人所袭击[②]。周和越是占了渔人之利的。

周人是文化比较低的民族，他把殷灭了，把殷的文化继承着，在中国的北部有所损益地加以发展。殷人虽然亡了国，他的后人有一部分还存在，那便是宋国，在今河南商丘县以东、江苏铜山县以西的一带地方。还有殷的同盟国徐和楚，起初都是淮河流域的国家，后来渐渐发展，徐的疆域到了江西，楚的疆域到了湖北、湖南。徐、楚在西周时代被称为徐戎和荆蛮或淮夷，但徐、楚两国并不是殷朝时候所说的夷人。殷朝的夷人大约是吴、越，是被殷人驱逐到了长江以南的。《说苑·善

① 参看拙著《卜辞通纂·征伐组》。

② 见《春秋》哀十三年。

说》上有一首《越人歌》，是公元前五世纪中叶的鄂君子晳泛舟时所得的。那原文是：

滥兮抃草滥予昌枑泽予昌州州𩜱州焉乎秦胥胥缦予乎昭澶秦踰渗惿随河湖。

这首歌到今还不知道该怎样读。（**最近听人说，有人研究了出来，同于苗歌。其所研究，余尚未见。**）当时的楚人子晳也不懂，叫了“越译”把它翻译了出来是：

今夕何夕兮，搴舟中流？今日何日兮，得与王子同舟？蒙羞被好兮，不訾诟耻。心几烦而不绝兮，知得王子。山有木兮木有枝，心悦君兮君不知。

这要算是中国最古的译诗，无论怎样看都得是两种国语。据此可知楚和越在古是不同的民族。吴人、越人的汉化一定是受了徐人、楚人的影响。吴的支配者虽然是周人的伯夷、仲雍，但他们初到吴时也还是半个蛮子。徐人、楚人和殷人的直系宋人，是把殷代的文化传播到中国南部，而加以发展的。

就这样，同是由殷人所创造出来的文化，在殷朝灭后分为了两大支。一支在周人手下在北部发展，一支在徐人、楚人手下在南方发展。西周三百六十余年间南北是抗争着的，周人一直把徐人、楚人当成蛮夷，但南人并不是那样的蛮子。宋时在湖北武昌出土的《楚公逆镈》，经孙诒让考定[1]，楚公逆就是熊咢。熊咢元年当周宣王二十九年。那铭文的字体异常雄壮，铭辞明白的也有“隹（惟）八月甲申，楚公逆自作夜雨雷镈。……逆其万年又寿。……孙子其永宝”的句子，和周人的铭文并没有怎样的差别。

徐人也有很多古器[2]，有《沇兒钟》《徐諧尹钲》《徐王鼎》《义楚钟》《徐王义楚鍴》等，铭文都是韵文。我现在把那些铭文通录在下边。

《沇兒钟》

（为了易于了解之便，古字多已改书今文）

隹正月初吉丁亥，徐王庚之淑子沇兒，择其吉金，自作和钟。中翰且扬，元鸣孔皇，孔嘉元成，用盘（乐也）饮酒，和会百姓。淑于威仪，惠于明祀。虘（吾）以晏以喜，以乐嘉宾，及我父兄庶士。皇皇熙熙，眉寿无期，子子孙孙，永保鼓之。

《徐諧尹钲》

（文中用 × 者表示缺文）

隹正月，月初吉，日在庚，徐諧尹 × 故 × 自作征城。

---

① 见《古籀拾遗》。

② 凡关于古器的铭文，欲知其详细的可参看拙著《两周金文辞大系》。

（征城即是钲之古名。）× 诸父兄，徽至剑兵。亿万子孙，眉寿无疆。皿（通盂，勉也。）彼吉人享，士余是尚。

《徐王鼎》

徐王粮用其良金，铸其譜（将）鼎。用腼庶腊，用饔宾客，子子孙孙，世世是若。

《义楚钟》

隹正九月，初吉丁亥，曾孙俦兒，余迭斯于之孙，余幽佫之元子，曰于虖（呜呼）敬哉。余义楚之良臣，而逘之字父。余俾逘兒攼（通择）吉金镈铝，以铸和钟，以追孝先祖。乐我父兄，饮飤歌舞。孙孙用之，后民是语。

《徐王义楚鍴（觶）》

隹正月吉日丁酉，徐王义楚择其吉金，自作祭鍴。用享于皇天及我文考，永保怡（余）身，子孙 × 宝。

最后的《徐王义楚鍴》是前清光绪年间在江西高安出土的。义楚便是《左传》昭六年“徐仪楚聘于楚”的仪楚，是在春秋末年。因此可以知道《义楚钟》也是同时代的作品。其余三器年代虽不明，但大抵是春秋年间的东西。我们请细细读那些铭文，可以知道那和北方出土的东西没有多么大的差异，而且和周人的《雅》《颂》格调也有一脉相通的地方。

还有一个《王孙遗者钟》是出土于湖北的（地名未详）。

有人说是楚器，但我疑是徐器。遗者怕就是《礼记·檀弓》上的徐人容居，“遗”“容”双声，“者”“居”迭韵。那文字和《沇兒钟》相仿佛，更要堂皇。

《王孙遗者钟》

> 隹正月初吉丁亥，王孙遗者择其吉金，自作和钟。中翰且扬，元鸣孔皇。用享以孝，于我皇祖文考，用祈眉寿。余宏龚舒夷，畏忌翼翼。肃哲圣武，惠于政德。淑于威仪，谋猷丕饬。阑阑和钟，用妟以喜。用乐嘉宾父兄及我朋友。余恁㠯（通台，我也）心，诞 × 余德，和沴民人，余敷旬于国。煌煌熙熙，万年无期，亿万孙子，永保鼓之。

还有受了徐、楚影响的吴、越也有不少的古器。特别是吴国，有《者减钟》十二具，是前清乾隆二十六年（公元一七六一年）在临江出土的。据说“临江民耕地得十一钟”（见《甯寿鉴古》），临江即今江西清江县。经余研究，钟确是十二具，有一具近藏刘体智家，与前所著之十一具均不同，可知出土时曾有匿藏未报者。其钟有七具的铭文[①]，共有八十多个字，但均甚残泐，经我把它们参缀起来，才成了全文[②]。

---

① 六具见《西清古鉴续编甲集》，一具见《善斋吉金录》。

② 可参拙著《殷周青铜器铭文研究》下册第一篇。

《者减钟》

> 隹正月初吉丁亥，工𫊸王皮𪌘（然）之子者减，择其吉金，自作瑶钟。不帛（白）不荦（骍），不铄不雕，协于我灵籥，俾和俾孚。用祈眉寿繁釐，于其皇祖皇考，若召公寿若参寿。俾汝惠惠歆歆，和和钦钦。其登于上下××，闻于四旁，子子孙孙，永保是尚。

吴国古时候是称为勾吴的，这儿的“工𫊸”就是“勾吴”。“𪌘”字是古“然”字，“皮然”便是吴王柯转。据《史记·吴世家》知道柯转（《史记》误为“转”，此据谯周《古史考》）的儿子是颇高，颇高的儿子是句卑，句卑时晋献公灭虞（《春秋》僖五年）。者减是颇高的兄弟行，可以知道他的时代是在春秋初年。

上面所举的一些古器铭，因为是古书上所没有的东西，所以我特别一一把它们整录了出来。为使读者易于了解起见，所有的古字我大抵都写成了现在的通用文字，但那里面有许多文句仍然是难解的，我在这儿只好希望读者本“好读书不求甚解”的办法去读它们一遍，读了便可以有下列几个见解抽绎得出。

（一）南方的江淮流域，在春秋以前，已经是有高度的文化。周人骂徐、楚是蛮子，那是周人的敌忾心所发出来的不公正的批评。

（二）南方的文字也有“台阁体”，和《周书》的《诰》《命》，《周诗》的《雅》《颂》相仿佛，而和《楚辞》的风格不同。

在这儿可以看到屈原思想的渊源和他的艺术的特异性。

《楚辞》中使用的方言，即当时的白话，最多。如像“兮”字“些”字是人人所知道的《楚辞》的特征，后世的文人对于有这种字面的文辞特别称为“骚体”，也就是见到了这两个字的特异。“兮”和“些”都是写的当时的口音，就是白话。还有一个“也”字用来表示疑问和惊叹，是和今人的“呀”字相当的，也是当时的口语。这些都在上面说过。不过这三个字的使用不始于《楚辞》，《诗经》的《国风》中多用“兮”字句，屈原以前的南方人的诗文也多用“兮”字。“些”字在《周诗》中已有“思”字的先例。“也”字尤其是春秋以来的散文家所惯用的，秦文又多用“殹”字来代替。这些都不是屈原的独创，只是屈原把“兮”字和“些”字用得更多，而“也”字用得更特别一些。

此外为屈原所使用的楚国的方言，据可考的有如下列。

（一）汩——《离骚》“汩余若将不及兮”，《方言》云“疾行也，南楚之外曰汩”。

（二）搴——《离骚》“朝搴阰之木兰兮”，《说文》

云“拔取也，南楚语”。

（三）莽——《离骚》“夕揽洲之宿莽”，《方言》云“草也，南楚曰莽”。

（四）冯——《离骚》“冯不厌乎求索”，王逸注云“满也，楚人名满曰冯”。

（五）羌——《离骚》“羌内恕己以量人”，王逸注云“楚人语词也，犹言卿何为也”。案此字在屈原作品中凡十三见，用“卿何为”意，多讲不通。据余所见，有些地方等于“乃”，有些地方等于“而”，有些地方只表示感叹。又有“謇”或“蹇”字用为语词者凡八见，与“羌”字相等，而口气略轻。

（六）诼——《离骚》“谣诼谓余以善淫”，《方言》云“愬也。楚以南谓之诼”。

（七）侘傺——此二字连语凡五见。《离骚》“忳郁邑余侘傺”，王逸注云“楚人名住曰傺”。又《惜诵》“心郁邑余侘傺”，王逸注云“楚人谓失志怅然住立为侘傺”。《方言》亦云“傺，逗也。南楚谓之傺”。

（八）阊阖——《离骚》“倚阊阖而望予”，《说文》云“阊，天门也。楚人名门皆曰阊阖”。

（九）篿——《离骚》“索藑茅以筳篿”，王逸注云“楚人名结草折竹以卜曰篿”。

（十）轪——《离骚》“齐玉轪而并驰”，此轪言毂端錔也，《方言》云“关之东西曰辖，南楚曰轪”。又“轮，韩楚之间谓之轪”。

（十一）邅——《离骚》“邅吾道夫昆仑”，王逸注云“楚人名转曰邅”。

（十二）灵——《云中君》“灵连蜷兮既留”，王逸注云“巫也。楚人名巫为灵子”。

（十三）坛——《湘夫人》“荪壁兮紫坛”，高诱云“楚人谓中庭为坛”。

（十四）褋——《湘夫人》“遗余褋兮澧浦”，《方言》云“禅衣，江淮南楚之间谓之褋，关之东西谓之禅衣”。

（十五）咍——《惜诵》“众兆之所咍”，王逸注“笑也。楚人谓相调笑曰咍”。

（十六）悼——《抽思》“心震悼而不敢”，《说文》“惧也。陈楚谓惧曰悼”。

（十七）笯——《怀沙》“凤皇在笯”，《方言》云“笼，南楚江沔之间谓之篣，或谓之笯”。

（十八）詑——《惜往日》“或詑谩而不疑”，《说文》“沇州谓欺曰詑”。

（十九）娃——《惜往日》“妒娃冶之芬芳”，《方言》

“美也。吴楚衡淮之间曰娃”。

（二十）闬——《招魂》“去君之恒幹”，王逸注云“或曰去君之恒闬，闬，里也，楚人名里曰闬”。

（二十一）爽——《招魂》“厉而不爽”，王逸注云“楚人名羹败曰爽”。老子《道德经》“五味令人口爽”，同此意。《老子》为战国时楚人环渊所辑录[①]，也足以证明“爽”为楚国方言。

（二十二）蔽——《招魂》“箟蔽象棋”，《方言》“博，谓之蔽，秦晋之间谓之博，吴楚之间或谓之蔽”。“博”“蔽”一音之转。

（二十三）瀛——《招魂》“倚沼畦瀛”，王逸注“池中也。楚人名池泽中曰瀛”。

（二十四）梦——《招魂》“与王趋梦”，洪兴祖补注“楚谓草泽曰梦”。

此外《涉江》有“款秋冬之绪风”一句，洪兴祖补注引《方言》云“款，然也，南楚凡言然者曰款”。但这个字在原文是动词，并不是用为“然”字，我看是假借为“哀”，这一例当除外。

① 《老聃、关尹、环渊》一文专论此事（见《青铜时代》）。

还有“离骚”两个字也是楚国的口语，梁章钜的《文选旁证》引《项氏家说》“《楚语》伍举曰‘德义不行，则迩者骚离，而远者距违’”。又王伯厚《困学纪闻》“伍举所谓‘骚离’，屈平所谓‘离骚’，皆楚言也”。这虽然不是白话入文，而是以白话命题，尤其是创例。

白话入诗已经可以说是诗体的解放，然而更有醒目的是《楚辞》中诗的句法之延长与诗的篇章之放大。

中国古代诗歌的句法多是以四言为定格，《诗经》里面的《风》《雅》《颂》是这样，秦人的《石鼓诗》，以及始皇帝的各种刻石辞也是这样。就连周代的彝器铭文凡有韵的也都是这样。这种定格在南方的有韵的金文中，如上面所举出的那些，也没有改变。只有在春秋、战国时人的有韵的散文里面才有些把这种格律解放了。《易经》中的韵文也多是解放了，但那经部是纂成于战国初年，传部多是秦始皇时荀子的门人所作的（此别有说）[①]。真正在诗中的解放只有在南方的歌谣里面可以看见，如上举的《越人歌》的楚译是绝好的例子。

《孟子·离娄》上有一首《孺子歌》：

沧浪之水清兮，可以濯我缨；

① 我有《先秦天道观之进展》一篇论及此事（见《青铜时代》，用日本文发表者名为《天之思想》，收在岩波书店所发行的《东洋思潮讲座》中）。

沧浪之水浊兮，可以濯我足。

是孔子听来的童谣。（《渔父词》里面的渔父亦唱此歌，足证其晚成。）这大约也是南方的歌谣吧。因为是孺子，出口自成天籁，故没有拘守一定的格律。

《左传》哀十三年有吴申叔仪《乞粮歌》：

佩玉蕊兮，余无所系之。

旨酒一盛兮，余与褐之父睨之。

也没有遵守四言的格律。这些歌自然可以称为《楚辞》的前驱，都是突口而来的，并不是经意的创作，同时也就可以说是白话诗。

《吕氏春秋·音初》上又有《候人歌》，只单独的一句。那儿说：

禹行水，见涂山之女。禹未之遇而巡省南土。涂山氏之女乃令其妾待禹于涂山之阳，女乃作歌，歌曰“候人兮猗”！实始作为南音。

禹的传说自然是伪托，这单独一句的《候人歌》确只是一句表示着情绪的白话。大率古时白话的土俗歌谣是不遵守一定的格律的，而一到诗人手里，要经意做作起来的时候，便立地为四言格律所限定了。《国风》应该有大部分是民间歌谣，然也多是守着格律的，我相信是经过了孔门的删改。《国风》所采集者十余国，《雅》《颂》所概括者数百年，而诗之音韵格调无地方色彩与时代差异，即此便足以证明，《诗》是经过整齐划一的工作的。时当在春秋与战国之交，人当不限于一人。

然而诗歌一到了《楚辞》，便是有意识地成就了一番伟大的革命。《楚辞》，特别是屈原的作品，都是经意的创作。除掉《天问》一篇还多少遵守着四言格律之外，其余的可以说是全部打破了。《招魂》中的巫咸的“招辞”虽然貌似四言，但如果把那可有可无的表示口音的“些”字删去，差不多是一首长篇的七言诗，和旧式的格律大有不同。《离骚》和《九章》的一部分如把“兮”删去，基本上是六言诗。《九歌》有一部分如把“兮”删去便是五言诗或长短句。后来的诗句变化几乎为屈原一人所尝试尽了。这项工程无论怎样不能不说是屈原的天才之所致。屈原之所以成就了这项工程的重要原因，我看就是因为他利用了自成天籁的歌谣体。他是利用了歌谣的自然韵律来把台阁体的四言格调打破了。屈原，可以毫不夸张地给他一个尊号，是最伟大的一位革命的白话诗人！

有了白话入诗，有了自然韵律的采用，其必然的结果便是诗的篇章之扩大。这层是用不着多说的，只消把篇幅较长的“大小《雅》”来和《离骚》《天问》比较一下，便可以明白。在这儿我要附带着说几句：《楚辞》里面的作品，旧时的人多不把它们当成诗看待，有的说是赋，有的更别立一个“骚”的名目。“骚”的命名之不通自无庸说，赋只是诗的一体。更要严格地说时，诗是限于抒情的，要屈原的作品才全部都是诗。后起的一些铺张扬厉的汉赋，大多只是一些有韵的散文而已。

屈原作品多有超现实的着想，如像描写天国，如像自然物的拟人化，和周人的“《雅》《颂》”有天渊的不同。周人也有天堂的观念，如《大雅·文王》的“文王在上”，又“文王陟降，在帝左右”之类，但他们只是率直地当成一种事实叙述着，丝毫也没有驰骋一下想象的羽翼。这个差异，和民族性质与自然环境自然有关，但也可以说是殷、周文化色彩的不同。周人固然是继承了殷人的文化，但它是经过了他们自己的一番损益，把合于自己的民族性质的，便于自己的政治统治的，保存了下来；把那些不合的、不方便的，便抑制着听它萎缩了。殷人是富于超现实性的民族，他们最迷信鬼神。这层在殷代卜辞中有古物上的证据。就卜辞看来，殷人除掉自己的祖宗和至上神的天帝之外，风云虹霓河岳都被视为神祇，而一切大小事件都要用龟卜来请命于鬼神。他们对于卜的迷信之深实在可以惊人：卜辞中每每有记载着卜的效验的文字，时效之长有至一百七十六日的[1]。占卜一次有半年的时效，那是再没有不灵验的占卜了。这种迷信的习惯便是周人所摒除了的东西。周人，特别是周初的周公，在把殷人的天下夺取了之后，他只利用了鬼神来作为愚民的宗教政策。且看《周书·君奭》上周公所说的"天不可信，我道惟文王德延"，便最为明白[2]。《礼记·表记》上有一节话批评殷、周人的宗教态度，是说：

> 殷人尊神，率民以事神，先鬼而后礼。……周人尊礼尚施，事鬼敬神而远之。

这个批评是正确的。殷人的超现实性被北方的周人所遏抑了的，在南方的丰饶的自然环境中，却得着了它的沃腴的园地。《楚辞》的富于超现实性，乃至南方思想家之富于超现实性，我看都是殷人的宗教性质的嫡传，是从那儿发展了出来，或则起了蜕化的。屈原作品中常有灵巫在演着重要的节目，那便是绝好的证明；而屈原始终崇拜着殷代的贤者彭咸，也正明白地表示着他的超现实的思想的来历。

在《招魂》里面还有关于地狱的描写。地狱名为"幽都"，有土伯执掌之。土伯有角，三目，虎首牛身。有人以为是印度

---

① 《卜辞通纂》第七八八片。（《郭沫若全集·考古编（第二卷）·卜辞通纂》作"一百七十九日"。——编者注）

② 参看《先秦天道观之进展》。

传来的思想。但《尧典》言“宅朔方曰幽都”，则幽都在北，并非南来系统。我疑仍是殷人旧有的思想，在南方尚保存其固有的面目，在北方则仅存其名号，俨然成为地上的地名了。

不过这种超现实的宗教性质的思想，与其说是屈原思想的特征，宁可说是楚国人的一般的信念。宗教思想在春秋、战国时代的思想家中，除掉墨家之外，大多是遭了扬弃的。屈原个人也正不免受着了这种时代精神的激荡，他自己是采取着怀疑态度的。

屈原的怀疑态度，在《天问》一篇中表示得最明白，那儿不仅是对于带着宗教色彩的神话传说表示着怀疑，对于一切历史上的记载、人事上的伦理，也一概都表示着不能信任。在这篇之外，他的这种态度也有所表露。例如在《招魂》里面，他借着巫咸的口叫怀王的灵魂不要往天国里去，他说那儿有豺狼虎豹盘据着，灵魂走去很危险。又例如在《离骚》中他驾着玉虬，乘着凤凰往天上去，到了天国的门前，叫门子开门，而那天国的门子才倚着天门望着他，不肯打开，好像也要点开门礼的样子，使他叹息着连天国中也没有好人（“哀高丘之无女”）。连天国他都不视为极乐的地方，这种怀疑的奇拔的着想似乎是古今独步的。

屈原一方面在极端地怀疑，一方面又在文字中多采用超现实的资料，这很像是一个矛盾。但这正表示着他是艺术家而非思想家。他在艺术家的立场上从事创作时，所有已成的具象化了的思想观念是乐得利用的。他是利用来做文章上的藻饰，而非信仰着以为实践上的规范。假使上帝、百神、天堂、地狱那些观念他真正是信仰着，那他是绝对不会出于自杀的了。他之所以终于自杀，正是他怀疑精神的必然的结论。

屈原在他的伦理思想上却很受了儒家的影响，他的实践上的行为很是一位现实的人物。他持身极端推重修洁，自己的化名是正则和灵均，又返返复复地屡以诚信自戒，而对于君国则以忠贞自许。如像：

善不由外来兮，名不可以虚作。（《抽思》）

重仁袭义兮，谨厚以为丰。（《怀沙》）

定心广志，余何畏惧兮。（同前）

事君而不贰兮，迷不知宠之门。（《惜诵》）

秉德无私，参天地兮。（《橘颂》）

这些类似格言的辞句，和儒家的口吻毫无二致。还有他所景仰的古人，如尧、舜、禹、汤、文王、箕子、比干，也是儒家典籍中所习见的人物。最可注意的，他虽是南人，而于道家的虚无恬淡，寂寞无为的学说却毫没有沾染。（《远游》那一篇本有这种臭味的浓厚表现，但那并不是他的作品。）由年代推勘起来，我揣想屈原或许是陈良的弟子。他在年少时分便有《橘颂》那样的文章，我相信他至少也该得受了陈良的影响。《孟子·滕文公》上说：

> 陈良，楚产也。悦周公、仲尼之道，北学于中国。北方之学者，未能或之先也。彼所谓豪杰之士也。

陈良是有弟子的人，在《孟子》里便有宋人的陈相、陈辛兄弟。孟子那样地推崇他，足见他一定是南方的一位大师，是儒术在南方的传道者。从年代推考起来，他正好可以充当屈原的先生。

屈原又根本是一位爱国者，他的作品这样告白着，他的行为也这样告白着。先秦时代的学者自孔子以来大都怀抱着大一统主义。他们都想把中国的局面统一起来，只要能够达到目的，都有一个不择国而仕的倾向。早辈的孔子、墨翟不用说，和屈原同辈的，如本是邹人的孟子而求仕于齐、梁；本是赵人的荀子而游学于齐、仕于楚；本是楚人的环渊、陈良、许行，环渊为齐稷下先生，陈良北学于中国，许行自楚之滕，愿做滕文公的编氓；本是韩国的公子韩非，入秦而劝秦灭六国。这些都足以证明当时的学者们是志在天下而不在一国。但屈原却是不同。他在怀王时遭了疏远，虽然放浪着而他不肯出国。他在顷襄王时受了放逐，虽然颠沛着而他也不肯出国。他始终眷念着楚国，希望自己能够复位，希望自己所怀抱着的“美政”（见《离骚》）能够实行。

他之所以不去国，并不是他不能，他是可能的。特别像齐国，一定会欢迎他，因为他本是亲齐的合纵派，并且是出使过齐国的人。齐国在战国时是最奖励学术的一个国家，《史记·田敬仲世家》上说：

> 宣王喜文学游说之士，自如驺衍、淳于髡、田骈、接予、慎到、环渊之徒七十六人，皆赐列第，为上大夫，不治而议论。是以齐稷下学士复盛，且数百千人。

屈原假如肯到齐国，齐国纵使不会以政治上的实权给他，至少可以让他“不治而议论”或者“不治而作诗”，做一位名誉上大夫。屈原却不肯去，而始终是流离颠沛着，陷在楚国。

但他也并不是不想走，他的作品中想走到四方去寻求知己的话是屡见不一见的，特别是在《离骚》中他借巫咸的口说出来的话最为明白：

> 勉升降以上下兮，求矩矱之所同。

这不用说本是他自己的心事，但他这个心事终竟没有实现。他这种心事多少是包含有为求一己的安全的意思，但他知道就到外国去，他的根本的怀抱不见得便能够实行。就如孔子周游天下而卒老于行，孟子往返齐、梁而终归退隐的一样，他也是儒者之徒，这些前辙当然是见到了的。他的根本心事是期其君为尧、舜而自许以皋陶，他是想靠楚国来统一天下的。请看他说：

> 彼尧、舜之耿介兮，既遵道而得路。
>
> 忽奔走以先后兮？及前王之踵武。（《离骚》）

他所想走的道路就是这样的道路，他所企图的目标便是要追踪唐、虞三代。在当时的楚国，以疆域而言比秦、齐还要大，以富庶而言是占着长江流域，要实现他的目的是很有可能的。他之所以始终不肯去楚，也就是这个原故。本来在中国的开拓上，楚国人是很有功劳的，《左传》昭十二年载着楚灵王的话说：

> 昔我先王熊绎辟在荆山，筚路蓝缕，以处草莽，跋涉山林。

可见长江流域多半为楚人所开辟出来的地方。长江以南的百粤、闽、瓯本为北方的文化所不及，然在汉初已经有相当的文化，可知多是受了楚人的影响。楚人开拓了中国的南部，和早就由殷人所开拓出的中国北部，在战国末年已经得到文化上的统一的时候，楚人再进一步本可以完成全中国的政治上的统一。然而在这个政治斗争的局面上，他遇着了那个崛起于西北的励精图治的秦人。秦人是后起的民族，占着居高临下的形势，在军事上得到了很大的便宜，终于像周人把殷灭了的一样，把六国灭了。六国中的楚国人，我们知道是最不甘心的。他们费了将近一千年的南方的经营，由整个的中国民族说来是有不能磨灭的功绩，而在当时的楚民族却要算是“功亏一篑”。秦、楚争霸的焦点恰好在怀、顷襄两世，而屈原又恰好生当在这个时候。怀、顷襄二王假使真真是有为之主，或者最后的胜利也不见得便要属于秦人。然而楚国的文化是太高度化了，我们看到《招魂》上所叙的王者生活的铺张，前年在寿县出土的考烈王和幽王墓中的古器的奢侈，可以知道一些中庸之主要想不偷逸苟安是不易办到的。屈原是明白人，天下的大势他看得很清楚，他始终是抗秦派，然而他的政策终不见实行，而卒于在自己的存世之中看见了楚都的破灭。这样岂是他所能甘心的吗？他的不甘心也就是楚人的不甘心。由这不甘心所生出的他的悲愤的文辞也就是楚人的呼吸。楚人特别爱他的辞，特别哀他的死，更由他的辞与死而增涨了民族的义愤。所谓“楚虽三户，亡秦必楚”的预言[①]之所以产生，以及那个预言之卒由楚人的项梁、项籍而实现，都是这个不甘心的成果。楚人是把在政治上统一中国的功名和产生了一位屈原的功名对换了。

---

① 见《史记·项羽本纪》，作楚人南公的话。

但楚人的精神上的生产却收到了意外的成功。由楚所产生出的屈原，由屈原所产生出的《楚辞》，无形之中在精神上是把中国统一着的。中国人如果不灭种，中国文如果不消灭，《楚辞》没有毁灭的一天。楚人的功劳是不朽的，屈原是会永远存在的。

二 屈原的时代

关于殷代是奴隶社会这一层，近来已得到一般的公认，唯关于周代，则见解尚未能趋于一致。有好些学者认为周代已经是封建制了，这层是很值得讨论的。因为这个关键如不决定，则屈原时代的精神和屈原思想的属性也就无从决定。故我在叙述屈原时代之前，我要把殷周社会的情形略略讨论一下。

向来讨论殷周社会的人大都取材于《诗经》和《书经》，但《诗经》和《书经》这两部书作为资料而使用，是有问题的。《书经》可信的并没有几篇，而且都经过孔门弟子所润色，自不免染上了春秋、战国时代的色彩。《诗经》的集成也是同样，而所染的东周色彩尤为浓厚。例如以音韵言，《国风》所搜集的遍于江河流域，而无地方色彩的悬异；"《雅》《颂》"的时代自周初以至春秋中叶，其间将近五百年，而无时代性的区分。这都明显地表示着《诗经》是在某一时期被某一部分人所整齐划一了的东西。古时言“孔子删《诗》《书》”，《诗》《书》虽不必一定删于孔子，但是经过删改润色是不能否认的事。《诗》《书》既经过战国年间的人所润色删改，自然会染上删改人的时代色彩。因此无批判地利用《诗经》和《书经》以为史料，便要成为问题。

《诗》《书》之外，《易经》成于战国初年，我已有专文论及。周秦诸子中所散见的材料，自然是可以宝贵的东西，但在那些材料的解释上也须得经过严密的批判。这项工程我觉得我们做得还不够。学者于取材上既相当自由，而于材料的解释上尤多未脱主观主义的倾向。

例如井田制一事，其说始见于《孟子》，《周官》一书虽言之更详，但《周官》是有问题的书。《孟子》虽把《诗经》的“雨我公田，遂及我私”的两句话作为井田制解释，但并没有其他的旁证。周代的彝器铭文锡土田和正疆界的记录颇多，但无井田制的痕迹。故井田制在古时是否存在，还是疑问。小规模的存在大约是可能的：因为在罗马有相类似的百分田制的古迹是被发现了。中国将来在河南境内平衍的地方大率也有发现的可能。在这种情形之下，而主张周代是封建制的人，却已经把井田制作为庄园的雏形而解释着。这未免是主观上的一大飞跃。

主张封建制者的另一种飞跃，便是把周人灭殷，视为如同日耳曼人灭亡罗马。这同样是富于主观色彩的极端自由的比附。假使要用比附的话，把殷人和周人的关系比于希腊的雅典人与斯巴达人的关系，倒要更适当一点。周人在初本是殷人的同盟民族，在传说上是称为同祖。就见于甲骨卜辞者而言，殷人时常关心周人，屡有“聘周”的记录，对于周之首长称“周侯”，这和日耳曼人与罗马人的关系完全两样。

周人把殷灭了，同时是把殷之遗民化为了奴隶。封伯禽于鲁，予以“殷民六族”；封康叔于卫，予以“殷民七族”；封叔虞于唐，予以“怀姓九宗”。这些六族七族的殷民和九宗的怀姓，自然就是奴隶。有的朋友认为这是农奴，并引《书经》上周公对殷人所说的“今尔尚宅尔宅，畋尔田”为证，证明这些人都是有自己的家产和土田。其实所谓“宅尔宅，畋尔田”者乃“宅尔所宅之宅，畋尔所畋之田”，非“宅尔所有之宅，畋尔所有之田”。照鲁国到宣公十五年“初税亩”来说，西周怎么也还不能有租税制，或地主农奴之分。何况奴隶制中也还有种种的形态。例如同一希腊，雅典和斯巴达的制度便不尽同。雅典采取的是直接榨取的方式，斯巴达的黑劳士（Helots），却被束缚于土地，经营着半独立性的经济，而向主人贡纳赋税。这在表面上颇类于农奴，然而黑劳士有当兵服役的义务，并可任意屠杀，依然是奴隶。彝族社会中的黑骨头（主）与白骨头（奴）的关系，也和这相类似。白骨头中的“管家娃子”营着半独立性的经济，向黑骨头贡租，也好像是农奴，然而彝族社会断断乎不是封建社会。大抵周人的奴隶多少和斯巴达的相仿佛，倒是事实。因为中国是一个农业的大陆国家，土地广大，人口众多，最宜于黑劳士方式的榨取。周代的黎民、庶民、人鬲等，就是黑劳士式的奴隶，而且是在严密的意义上的生产奴隶，和臣妾仆隶奴童奚婢等之为家内奴隶者不同。这种家内奴隶中的高级者可以代表主人管理生产奴隶，演化而为统治者的臣宰，彝族社会中的“管家娃子”是也。周康王二十三年的《大盂鼎》铭文里面有一项极可宝贵的资料。那是康王的一位大臣名叫盂的，因为有功受了赏赐，他把所赐的物品记录了下来，铸在一个青铜器的鼎上。那物品里面的一项是人和臣。

锡汝邦司四伯，人鬲自驭至于庶人六百又五十又九夫；锡夷司王臣十又三伯，人鬲千又五十夫。

邦司和王臣就是管家娃子，人鬲即旧文献中的“民仪”（古文家误作“民献”），这其中包含有“自驭至于庶人”，便是包括着低级的家内娃子和娃子，庶人是居于最下等的。庶人即是从事农耕的生产奴隶，所谓“庶人力于农穑”（《左传》襄公九年文）。这种人在西周社会的身分，在这项铭文里面表示得很明白。这在殷代是称为“众”或“众人”，甲骨卜辞里面每每见到“王令众黍于某”之文，又有“王大令众人曰协田，其受年”的记录，“众”或“众人”也就是从事耕作生产的人。故卜辞“众”字作“日下三人形”，表明是在太阳下边工作的群庶。“众人”有时也用来从事战争，这是当然的事。因为古时候并无常备兵的设置，平时的生产者也就是战时的战斗员了。有的朋友把这“众”或“众人”说为自由民，以《书经·盘庚》“王命众悉至于廷”为证，谓如为奴隶，如何能参预政议？实则原始民族在有大事发生的时候，整族的成员无问主奴都可以参加会议的。例如彝族临有事故时，白骨头娃子亦须参加全体会议，便是一个证明。而且这“众”或“众人”就在西周的青铜器铭文中，也有绝好的资料足以断定它的确是奴隶。这项资料，便是有名的《曶鼎》。

唯王元年六月既望乙亥，王在周穆王大〔室、王〕若曰：“曶，命汝更乃祖考司卜事，锡汝赤⑧〔市〕、□用事”。王在遷居，井叔锡曶赤金螯。曶受休□王。曶用兹金作朕文考弈伯鬻牛鼎。曶其〔万年〕用祀，子子孙孙其永宝。

唯王四月既生霸，辰在丁酉，井叔在異为□，〔曶〕使厥小子䝨以限讼于井叔：“我既买汝五〔夫效〕父，用匹马束丝。限许曰䛒则俾我偿马，效父〔则〕俾复厥丝束。

𬴝、效父迺许𧶠曰于王参门□木榜，用徣诞买兹五夫，用百寽。非出五夫□誓。迺𬴝又誓暨𪗋金”。井叔曰：“在王人迺买用不逆付曶，毋俾贰于𬴝”。曶则拜稽首受兹五夫曰陪、曰恒、曰耦、曰𨥂、曰眚，使寽以告𬴝，迺俾□以曶酒及羊，丝三寽，用致兹人。曶迺诲于𬴝曰：“汝其舍𩣪矢五束”，曰“必尚俾处厥邑，田厥田”。𬴝则俾复命曰“诺”。

昔馑岁，匡暨厥臣廿夫寇曶禾十秭，以匡季告东宫。东宫迺曰：“求乃人，乃弗得，汝匡罚大”。匡迺稽首于曶，用五田，用众一夫曰益，用臣曰疐、〔曰〕朏、曰奠，曰“用兹四夫，稽首”。曰“余无攸具寇正□□不□□余”。曶或（又）以匡季告东官。曶曰：“必唯朕〔禾是〕偿”。东宫迺曰：“偿曶禾十秭，遗十秭，为廿秭。〔如〕来岁弗偿，则付卌秭”。迺或（又）即曶用田二，又臣〔一夫〕，凡用即曶田七田，人五夫。曶觅匡卅秭。

铭文共分三段，首段有“王在周穆王大室”之语，足见乃穆王以后的东西，大约是在孝王时代。第二段所记载的是贩卖奴隶的事。虽然文字稍有残缺，但大意可以明了。是名叫曶的人先向名叫限者的家臣效父购买五名奴隶，用一匹马和一束丝。限中途变卦，叫他的家臣二人（效父为其一），一人还了马，一人还了丝。二人又约好了用现钱交易，取徣百寽，但这交易又为限所反对。屡次爽约，故成讼事。我们由这段铭文看来，可以知道在孝王时有奴隶人口的公然贩卖，而交易形式是兼行着实物交易与准货币交易的两种。实物交易时奴隶五人只值得马一匹和丝一束，便是五个人的价值仅仅抵得上一匹马。准货币交易时五人合犢百寽，一人值二十寽。“犢”字，金文中常见，音读不可考，时常是以寽为单位的。“寽”即“鋝”字，汉以来又往往误为“锾”。这个字经我的考证是有两个系统的，用为货币单位时是重十一铢二十五分铢之十三，用为衡量单位时是重六两或六两大半两（“大半两”即三分之二两）。这儿是用作货币单位的，应该是前者。一人值二十寽，用汉时的五铢钱来合算时，一个人只值得四十六文钱。

铭文的第三段是以奴隶来赎罪的事。是在一年饥馑的时候，有一位名叫匡季的人率领他的奴隶二十人去偷了曶的禾十秭。曶便向王官名叫东宫的去告发了他。匡甘愿“用五田，用众一夫，用臣三人”来抵偿。但曶仍不满足，要他非偿还禾稻不可。东宫便叫匡“偿十秭，遗十秭，为廿秭。如来岁弗偿，则付卌秭”。匡却又加上二田和一臣来私下了结，一共赔了七田和五人，而曶也就免少了他的罚禾卌秭，原禾的十秭当然是追回了的。据《说文》，知道“五稯为秭，二秭为秅”。又据《仪礼·聘礼》知道“四秉曰筥，十筥曰稯，十稯曰秅，四百秉为一秅”。秭是半秅，当二百秉。“此秉谓刈禾盈手之秉也”（郑玄说），三十秭则为六千把。匡宁肯出七田五夫而不肯出六千把禾，可知七田五夫必比六千把禾贱。禾一把可取米一合之谱，六千把仅取米六石。六石米之价竟在七田五夫之上。五夫若值马一匹、丝一束，或偿百锊，七田不知当值几何，但七田每年所出必远在六石以下。五夫各夫所值亦必远不及一石。古代田积之小与人价之贱，实在足以惊人。

像这样任意用来和马匹、丝束、钱锊、禾秭交换或抵偿的“臣”和“众”，除解为奴隶之外，实在没有第二种的解释。“臣”很明显的是家内奴隶，“众”便是生产奴隶了。由后以例前，可知殷代社会已经是奴隶制，而西周是奴隶社会，也是毫无问题的。

奴隶制度在西周末年厉王奔彘的那个革命的插话上便在开始动摇，但它的根蒂就在春秋中叶都还依然存在。在这儿有北宋宣和五年在临淄出土的《叔夷镈》及《叔夷钟》（旧称《齐侯镈钟》）是绝好的证明。那是齐灵公十六年（鲁襄公七年，公元前五六六年）的器皿，叔夷在灵公十五年灭莱之役有功，受了齐侯的爵赏，便做器以记其事。这在金文中是很堂皇的一篇文章，长约五百字，其中有两句是：

余锡汝釐都××，其县三百，造戜徒四千，为汝敌寮。

余锡汝车马戎兵，釐仆三百又五十家，汝以戒戎作。

孙诒让曾考定出[1]釐就是莱（古音“莱”读如“釐”），那是确切不易的。我们由这两句看来，可以明白地知道，莱被齐灭后，他的国土成为了齐的郡县（注意：郡县制并不始于秦），他的人民成为了齐的奴隶。所谓“敌寮”者，“敌”通“嫡”，是“直属”的意思。“寮”便是“隶臣僚”的“僚”，于四千的“嫡僚”之外又有三百五十家的“釐仆”，也就是“僚臣仆”的仆。这奴隶制的规模，不能不说是相当宏大的。

总之，在殷代灭后，中国的社会曾亘历过几百年的奴隶制度，由上举的一些证据看来，凡是不为先入见所囿的人，是不能够否认的。

知道西周乃至春秋时代是奴隶制，对于自春秋末年以来至嬴秦混一天下（公元前二二一年）为止的三百年间，中国文化的那个灿然的黄金时代，在社会史上的意义便可以迎刃而解。那个黄金时代的意义不外是奴隶制向封建制的转移之在意识形态上的反映。屈原是生在这个时代的后半期的人（公元前

① 见孙著《古籀拾遗》上卷。

三四〇—前二七八年），他和他的作品之社会史上的意义，也就和浮雕一样呈现了出来。

我们要晓得周人在太王以前本来是没有多么高度文化的后进民族，他们夺取了殷朝的宗主权，把殷民族的大部分奴化了，同时把殷人的文化继承了下来。但他们的继承是有控制的继承。在周人控制下的殷人虽然陷到了臣仆的境遇，他们本来是文化上的先进，我们是不要忘记的。他们在周人的文化控制之下隐忍了几百年，在春秋末年却又抬起了头来。继承着奴隶宗主周室的衰落和“世卿制”之逐渐废除，应运而起的“执命”的“陪臣”与“横议”的“处士”，不外是皂舆之流的高级者或地主化了的皂舆。文化的主体由后进的君子转到了先进的野人，由统治阶级转到了被统治阶级。

当时的两大学派的领袖孔子和墨子都是宋人而居于鲁者[①]，他们这些人物，由周人的立场上说来，都是奴隶的子孙。近人有解释“墨子”之“墨”为“剠墨”之“墨”的[②]，

① 《史记·孟荀列传》和《汉书·艺文志》言墨子为宋大夫。葛洪《神仙传》、《抱朴子》、《荀子·修身·杨注》及《元和姓纂》均言墨子宋人。独《吕览·慎大注》以为鲁人。孙诒让采后说。我看当和孔子一样，本是宋人而居于鲁。

② 见《古史辨》第四册序。（今案此乃臆说，墨子实出于宋公子目夷之后的墨胎氏。）

则墨子还是刑余之人。儒家称道尧、舜，主张“有德者必在位”的哲人政治，墨家祖述夏禹，提倡尚贤、尚同、兼爱、非命。他们都不认周人为绝对的权威，要在周人所夸耀的文、武之上提出些伟大的传说人物来。他们所用的表现思想的工具也是当时的白话，这是应该注意的。凡用“焉哉乎也”为语助的这种文体，在今天看来虽然是文言，而在春秋、战国时却是白话。周人的台阁体的文字如《诰》《命》《雅》《颂》，以及金文“焉哉乎也”的语助几乎是绝对不使用的。到了春秋、战国便猛然一变。那时候的文体的变革和近代的文学革命，由文言文改为白话文的，实在是毫无二致。

屈原本是楚的贵族，和孔、墨在北方居于野人的位置者不同。但屈原后于孔、墨一百余年。北方的奴隶解放运动和其意识上的新锐的革命思潮是已经荡到了南方。屈原在思想上便是受了儒家的影响，尧、舜等一系列的幻想人物，以及由那些幻想人物所演化出来的哲人政治的理想，他是完全接受了。而他在文体变革方面尤其接受得彻底。他把那种革命扩展进了诗域里去，他彻底地采用了民歌的体裁来打破了周人的《雅》《颂》诗体的四言格调，彻底地采用了方言来推翻了《雅》《颂》诗体的贵族性。他在诗域中起了一次天翻地覆的革命。他有敏锐的感受性，接受了时代潮流的影响，更加上他的超越的才质和真挚的努力，他的文学革命真真是得到了压倒的胜利。气势和实质都完全画出了一个时期。我们如把近代的文学革命家，往往进一步便退两步的，和屈原比较起来，便可以感觉到屈原的伟大。屈原的文学革命只有前进没有倒退，像《雅》《颂》体的四言格律的诗，他当然会作，然而他至死都把它摒弃了，坚守着了自己的风格，在中国的文学史上彻底地创立了一个体裁。这样的气魄实在是值得我们后人追慕而效法的。

屈原委实是一个伟大的诗人，时代也真正地玉成了他。但他的资质却给予了他一个很大的限制。他以贵族的身份能够接受奴隶解放的时代潮流，能够把民众的歌声提升到了《清庙》《生民》之列，但他在诗域以外的现实世界里却没有力量来领导时代。

他的遭放逐应该在顷襄王七年或其后的一二年中。楚怀王被秦人诈骗了去，囚死了，是在顷襄王三年。其后三年之间秦楚断绝了关系[①]。到顷襄王六年秦将白起伐韩于伊阙，斩首二十四万，秦人乘胜来威胁楚国，要与楚国决一雌雄。顷襄王受不过威胁又才和秦人讲和，到第二年更做了秦王的女婿。屈原始终是主张绝秦的人，他在生涯中所受的彻底的打击，就应

---

① 此前后事迹见《史记·楚世家》。

该在这前后的几年内。

他被逐的地点是在汉北，期间有十四年。直到顷襄王二十一年，秦将白起侵伐楚国，把楚国的郢都破了，取了洞庭、五湖、江南，逼得楚国君臣仓皇奔走，东北保于陈城。屈原自己也从汉北逃到江南，做了《哀郢》《涉江》《怀沙》《惜往日》诸篇，便终于在汨罗自沉了。他能够自沉是他的“行己有耻”，是他的人格过人，不像后世有好些文人一遇着威逼便腆颜事仇而歌功颂德。但他既有自杀的勇气，为什么不把当时的民众领导起来，向秦人作一殊死战呢？以楚人对于秦人的敌忾，以他的得楚人的信仰，他假如是有实际家的手腕，我相信楚人一定会服从他的领导，抵死地和秦人抗争。事实上这种抗战之零碎的表现，虽然史籍上没有记载，在当时一定是相当猛烈的。譬如，我们试问白起既取了洞庭、五湖、江南，何以又把它抛弃了？楚国的那些地方何以直到后来才为秦人所吞并？这决不会是秦人的讲人情，也不会是白起的讲战略，一定是楚国的民众间所蜂起的巴尔奇山式的抗战，阻止了白起的锐锋，或则扰乱了他的后路，所以白起虽然得到了那样压倒的胜利，而终于没有立即把楚国覆灭。这儿正足以见到民众的力量！屈原虽然爱怜民众，但他却没有本领来领导民众。他被放逐在汉北的十四五年，详细的生活我们不知道，他似乎始终是成为了忧郁的囚人。他念念不忘的是君，是当时的执政者，是自己的怀才不遇。十几年的一肚皮的牢骚终只好让一死来爆发。他只认识到在上的力量，而不认识到在下的力量。这儿与其说是时代限制了他，毋宁是资质限制了他。他假如是有实际家的本领，在那被放逐的十四五年间便应该有些准备。在这儿令我想起了后他六七十年的他的同国人项梁来，让我且揭引《史记·项羽本纪》的一段文字在下边吧。

> 项籍者，下相人也，字羽。初起时，年二十四。其季父项梁，梁父即楚将项燕，为秦将王翦所戮（**公元前二二四年**）者也。……项籍少时，学书不成，去学剑，又不成。项梁怒之。籍曰："书足以记名姓而已。剑一人敌，不足学，学万人敌。"于是项梁乃教籍兵法……项梁杀人，与籍避仇于吴中。吴中贤士大夫皆出项梁下。每吴中有大徭役及丧，项梁常为主办，阴以兵法部勒宾客及子弟，以是知其能。……秦二世元年（**公元前二〇七年**）七月，陈涉等起大泽中。其九月……梁乃召故所知豪吏，谕以所为起大事，遂举吴中兵。使人收下县，得精兵八千人。梁部署吴中豪杰为校尉、侯、司马。有一人不得用，自言于梁。梁曰："前时某丧使公主某事，不能办，以此不任用公。"众乃皆服。

我们请看这位项梁，他的准备和部署，是怎样呢？他处在秦人的严刑峻法的统治之下，当然没有屈原所处的时代那样自由，然而早把下层的力量认定，而且组织得头头是道了。我们再看他听从范增的计划，尊重民意，立楚义帝的一节吧。

> 项梁闻陈王定死，召诸别将会薛计事。……居巢人范增，年七十，素居家，好奇计，往说项梁曰："陈胜败固当。夫秦灭六国，楚最无罪。自怀王入秦不返，楚人怜之至今，故楚南公曰'楚虽三户，亡秦必楚'也。今陈胜首事，不立楚后而自立，其势不长。今君起江东，楚蜂午之将皆争附君者，以君世世楚将，为能复立楚之后也。"于是项梁然其言，乃求楚怀王孙心民间，为人牧羊，立以为楚怀王，从民所望也。

把这些时代相去不远的政治家和军事家的步骤来和屈原比较，他们的态度便全然两样。实际家能够领导民众，组织民众；诗人、其进步者如屈原，竟只能感受着民众的气势而呼号，在实践上则在时代的边际上徬徨。

屈原根本是一位诗人，他的失意正是时代对于他的玉成。假使他不是诗人，他一定不会失意。朝消极处说，只要他能够"突梯滑稽，如脂如韦"，即是"幽默"得一点，他一定可以"从俗富贵"，何至于失意？朝积极处说，只要他能够"悃悃款款”“诛锄草茅”，如项梁一样早做准备，他一定可以“与骐骥亢轭”，更哪有功夫来失意？但假使他不是失意，他后期的作品是不能够产生的。仅仅是他的前期的一些作品，决不能在文艺史上造出一个时代来。他如顺当地做一个富贵人下去吧，即使他就做到了楚国的令尹，我想他的品格是只能够做到温文尔雅的太平宰相，或者终老在他左徒的位置，做得一个漂亮的外交官，如此而已。时代对于他真是特别厚待，他既禀赋有充分的诗人气质，而使他处到了国将破、家将亡的境遇，玉成了他成为一个空前而且恐怕绝后的伟大诗人。

我对于屈原的责难，问“他既有自杀的勇气，为什么不把当时的民众领导起来，向秦人做一殊死战”？或许有人会以为有点脱轨，会以为即使屈原在当时把民众领导起来，赤手空拳也不会把白起的兵力如何。或许更会以为屈原是有先见之明，看到了这样的无可如何，所以才自杀了。因此，我的求全之毁，我的仅仅把屈原看成为一个诗人，恐怕有点不合实际。在此我须得还要补充一番意见。

我们要知道，屈原的那个时代也正是中国的青铜器时代向铁器时代递禅着的时代。中国古代的兵器，除开石器时代的遗品之外，都是用青铜铸的。秦初的吕不韦戈现存于世，也是青铜。铁在初被视为贱金，只用来做工农的用具。到战国末年才渐渐有铁兵出现，而且始于楚国。《荀子·议兵篇》上说“楚人……宛钜铁鉇，惨如蜂虿”。《史记·范雎传》载“秦昭王曰：吾闻楚之铁剑利而倡优拙。夫铁剑利则士勇，倡优拙则思虑远”。凡此均足证楚国始发明铁兵之使用。战国时代为奴隶制与封建制的交换枢纽，同时也为铜器时代与铁器时代的交换枢纽。知道这层才可以明白：秦始皇吞并了六国之后，何以他要“收天下之兵聚之咸阳，销锋铸鐻，以为金人十二”，各重二十四万斤[①]；而陈涉、吴广等一些农夫牧竖，何以便能够“锄耰棘矜”，“因利乘便”？原来秦人所销的是废铜，而陈涉、吴广等所使用的是铁器！

这些议论早就由章鸿钊氏所揭发了[②]，但我最近发现了一项史实，知道了销兵铸器的事，不始于秦而始于楚。

已经是一九三三年的事了。那年的夏间安徽省寿县的东乡

① 《水经注》卷四载：“秦始皇二十六年，长狄十二见于临洮，长五丈余，以为善祥，铸金人十二以象之，各重二十四万斤，坐之宫门之前，谓之金狄。皆铭其胸云：‘皇帝二十六年，初兼天下，以为郡县。正法律，同度量，大人来见临洮。身长五丈，足六尺。’李斯书也。……汉自阿房徙之未央宫前，俗谓之‘翁仲’矣。”今案“身长五丈，足六尺”，当是金人的长度，后人误以为长狄之长，天地间不应该有那样的长人。

② 见章著《石雅》末附《中国铜器时代考》。

朱家集的李三孤堆，因淮水泛滥，出现了古物。后来地方上的人士便秘密开掘，获得铜器共八百余件。其中在几个器皿的铭文上发现了两个楚王的名字，一个是熊肯，一个是熊忓。寿县本是古时的寿春，是楚国最后的都城，是顷襄王的儿子考烈王二十二年徙都的。所以熊肯大约就是考烈王熊完；而熊忓则毫无疑问即考烈王的儿子幽王熊悍。现在且说有熊忓名字的几个器皿吧。

有一个是鼎，在盖唇和器唇外沿各有一道主铭（副铭从略）。

盖文是：

> 楚王熊忓战隻(获)兵铜。正月吉日，作铸乔鼎之盍(盖)，以共胾棠（蒸尝）。（器文无“之盍”二字。）

还有一个是盘，今藏北京图书馆，在唇沿上也有一道主铭。

> 楚王熊忓战隻兵铜。正月吉日，作铸少（炒）盘[①]，以共胾棠。

两个器皿不用说是同时做的，所谓“战获兵铜”的事，据我的考察，大约是在幽王三年。《史记·楚世家》于幽王三年载“秦魏伐楚”一语，又《六国年表》于同年秦、魏栏内载其

---

① “少”字或释为“小”，但观其盘制实如今之锅，与备盥洗用者不同，故余释为“炒”。

事，秦言“发四郡兵助魏击楚”，魏言“秦助我击楚”，但都没有说到谁胜谁负。幽王在位十年间，此外没有战事的记载。由新旧史料的合证，可以知道幽王三年的战役是楚得到了胜利，把秦、魏的联军打败了。打仗是在三年，铸器是在正月，所谓正月当得是四年的正月。同时所铸的器皿，由副铭上所勒的工名看来，很不少；因此也可以知道所获的兵铜，也相当的多。但最该注意的是把铜兵销毁了来铸造器皿！可见销锋铸器，并不是秦始皇的倡始。楚国得到了铜兵，不把它作为兵器使用，也可以见得在幽王时代楚国已经在用铁兵。

幽王四年上距屈原之死仅四十一二年，幽王时已经在用铁兵，那么屈原时代的楚国的工农所用的锄斤一定是铁器。使用铜兵的白起所将的秦兵，攻破了楚国的郢都，并夺取了洞庭、五湖、江南而终于抛弃了的，不是楚国工农的铁器在那儿说了话吗？在那时有那样英勇的工农，屈原在他被放逐的十五六年间如早把他们组织起来，不是一个很大的力量吗？如果屈原真是那样的实际家，秦、楚的争霸真是未知鹿死谁手。

总之，屈原是一个诗人，他在诗域内的成功是时代玉成了他，但他的成功是足以不朽的。

三　屈原的思想

侯外庐先生的《屈原思想的秘密》，认为屈原的思想有矛盾，而“这一秘密是归结到他的世界观和方法论之间的矛盾”，这个断案是相当正确的。但他把屈原来和一九二七年跳水死了的王国维对比，又和法国的巴尔扎克与俄国的托尔斯泰对比，这儿便有值得商榷的地方。巴尔扎克和托尔斯泰是近代欧洲文学的写实主义的巨匠，他们在方法论上是进步的，然而一则拥护王权，一则笃信宗教，在世界观上是偏于保守。这个矛盾，在现在已经成为了周知的事实，不成问题。王国维研究学问的方法合乎科学的规律，他也确实是得到了空前的收获。而他却自命为胜清的准遗老，终于跳水以殉，博得一个“忠悫”的谥号。这却明白地表示着他的思想的落后。他的死，正是这种矛盾的一种消极的解答，也是毫无问题的。

但要说屈原的死也和这是一样，方法论是前进的、“求真的”，世界观是落后的，“本质上反动的”，那却不免大有问题。我的看法，却正相反。屈原的世界观是前进的、革命的，而他的方法——作为诗人在构思与遣词上的技术——却不免有些保守的倾向。这便是我所认识的屈原思想的矛盾。结论的形式虽然和侯先生所见到的相同，而内容则恰恰相反。如要展开这个问题，在步骤上却非把中国古代社会及其意识形态的发展，重新展开一遍不可。

中国的古代，在殷以前大抵是氏族社会——我说是大抵，因为对于这一个时代我们只是出于推测，并没有充分的实证。殷周时代确实是奴隶社会——我说是确实，因为在这个时代我们得到的确证很多，是不会成为问题的。虽然现在也还有人在说周朝是“大封建时期”，或者又有人在说“中国没有奴隶制度”，或“奴隶制度未完成即已蜕变”，但这些说法，我觉得，都是由于认识不足，研究还没有到家。假使大家再充分地收集些材料，把认识充足起来，我相信在不几年之内是会改变的，只要是真正地抱着历史唯物主义，而没有成见的人。

为什么说殷周是奴隶社会？因为当时是在用大规模的奴隶来从事生产。关于生产奴隶的有无这一点，近来也还是有人认为尚未论定。我们做学问，每每不从本质上用功夫。譬如说“封建”吧，首先就把那一套“封诸侯、建同姓”的旧观念在那儿盘旋。古时是说夏、殷、周三代为封建期，现在让一点价，把夏、殷赶出去，把周代保留起来，即作为“封诸侯、建同姓”的“大封建时期”。我们就不问，究竟我们现在所说的封建制的本质是怎样，周朝的生产方式又是怎样。又譬如说“奴隶”吧，便只在奴隶字面的文字上去找奴隶社会，把《说文解字》乃至《康熙字典》翻遍，所能找到的臣、妾、童、奚、奴、婢以至隶、仆、台、舆等等，找来找去都只是一些从事服御的家内奴隶。做了这一段功夫的人，认为中国古代是只有家内奴隶，没有生产奴隶，所以他们会说“中国没有奴隶制度”或“奴隶制度未完成即已蜕变”。然而他们却没有想到中国古代的生产奴隶并没有用臣妾奴婢隶仆台舆等字面，而是称为人、庶人、小人、民、庶民、黎民、黎、群黎、鬲、人鬲、民仪、民献等等的。生产奴隶一解放了，这人民黎庶等字样跟着起了蜕变，失掉了奴隶的含义。要研究中国古代而不注重在这一层，不注重生产者的性格，而只是在文字字面上探求，那是永远找不出生产奴隶来的，同时也是永远阐明不出中国古代社会的面目的。

我说中国古代的生产奴隶就是人民，早在十三四年前。因为在西周时代的资料特别多，足以证明西周的人民就是生产奴隶，故我坚决地断定西周是奴隶社会。殷代我没有得到多少直接的证据，故我起初多少还有点游移。西周以后呢？便已经在开始蜕变，故我把春秋、战国时代认为过渡。许多反对我乃至痛骂我的人（在研究文字中动辄爱骂人是浪漫、狂妄，或甚于此的话，十几年来我领教了不少），硬要说西周不是奴隶社会，而都不大注重人民就是奴隶这一点，实在是一件惊人的事。惊人的，是我感叹着，文字这项符箓束缚着思考力的权能竟会有这么伟大！我现在要恳切地请求大家把这个论点注意一下，如说这个论断不可靠，那就请提出反证来。

殷周时代的人民地位是在家内奴隶之下，是人中的最下等。例如《左传》昭公七年楚国的芈尹无宇说："人有十等，……故王臣公，公臣大夫，大夫臣士，士臣皂，皂臣舆，舆臣隶，隶臣僚，僚臣仆，仆臣台。马有圉，牛有牧。"从事牧畜生产的圉牧是在十等人之外，而还没有提到从事农耕的庶人，这种人当然也是在十等人之外的。又例如康王二十三年的《大盂鼎铭》里面有这样的话："锡汝邦司四伯，人鬲自驭至于庶人六百又五十又九夫；锡夷司王臣十又三伯，人鬲千又五十夫。"这些臣人是和衣履车马一道赐予的，所谓"邦司"就是管家，所谓"夷司王臣"也就是管理夷仆的王家管事，这些都是管家娃子，故被赐予而位在"人鬲"之上。"人鬲"究竟是什么？好在他的内含已经明白表示着是"自驭至于庶人"的。"驭"

不用说就是十等人中的“舆”，而庶人在此是居于最下等。

再把“人鬲”解释一下吧。“鬲”字读“歷”，汉朝的人又作“甅”，从瓦厤声（见《说文》）。好些人把它读成“隔”，是读错了的。这本是一种三只封底空脚而形颇似鼎的器皿，就是后世鼎锅的祖先，鼎锅下面还有三个小乳头形的脚，就是那三个空脚的退化。以“鬲”字作为人民身分的一种称呼是出于假借。除《大盂鼎》之外，还有周成王时的《令簋》，那铭文上说“姜赏令（人名）贝十朋，臣十家，鬲百人”，也有“鬲”这种人，而地位在臣之下，与贝朋之类同为赏赐的物品。这种称谓除彝器铭文之外，文献中没有见过，但也并不是完全没有，只是用的字面不同罢了。例如《逸周书·世俘解》上说“武王（克殷），遂征四方，凡憝国九十有九国，馘磿亿有十万七千七百七十有九，俘人三亿万有二百三十，凡服国六百五十有二”。这里面的“磿”字就是“鬲”的同音假借字了。这不是“磨”，请不要认错。我们根据这项资料，可以知道“鬲”的这种称谓在文献上也有，而“鬲”这种身分的人在殷代已经存在，而且为数很多，足见殷代已经是奴隶社会。其实“鬲”字也就是“黎民”的“黎”、“民仪”的“仪”，都是同音假借字。古时候同音的字便可通用，这是表明中国文字在发展过程中虽以表形为主干，而亦时有表音的支流。要晓得“同音通用”这个通例，有许多古书才可以读，中国的训诂之学也就是建立在这个通例上的。黎大概是中国（主要是南方）的先住民族吧，古人“命九黎之人曰民”（见《吕刑·郑注》），即是说把黎族灭了，使它成为奴隶。这黎人现今在海南岛上还有一部分存在。古时的“九黎”应该就是“子欲居九夷”的九夷。这九夷的名目在《后汉书·东夷传》上有详细的记载。

> 夷有九种，曰畎夷、于夷、方夷、黄夷、白夷、赤夷、玄夷、风夷、阳夷。……殷汤革命，伐而定之。至于仲丁，蓝夷作寇。自是或服或畔，三百余年。武乙衰敝，东夷浸盛，遂分迁淮、岱，渐居中土。

武乙以前的情形，在地底资料上虽然没有得到直接的左证，但在武乙以后的情形，则甲骨卜辞中关于殷人征伐夷人的记录极多。就我们所研究到的结果，知道帝乙时代曾经屡次大规模地征伐夷人。（卜辞作为“尸方”，“尸”与“夷”古字通，古本作“尸”，后人改作“夷”。作“尸”者似犹今人称外国人为“鬼子”。）而用兵的地点亦多在淮、岱，与古史相证合。殷纣王与东夷的关系，在《左传》上保留有几项资料：

> 商纣为黎之蒐，东夷叛之。（昭四年楚椒举语）
>
> 纣克东夷而殒其身。（昭十年叔向语）

可见纣王时代又曾讨伐东夷，而终竟把它征服了。征服了的结果，便是这些夷人或者黎人化为了奴隶。故古本《泰誓》上说："纣有亿兆夷人，亦有离德。余（周武王自称）有乱（司）臣十人，同心同德。"（此见《左传》昭二十四年。今本《泰誓》中有相类之语而大同小异，但今本《泰誓》乃伪书。）夷人为殷所有，是被用来从事生产或当兵。当兵的结果，故惹起"前徒倒戈"的悲剧，便是俘虏兵掉头，或奴隶叛变。在古代氏族观念极盛的时候，族与族之争，每致整族沦亡亦不惜，不是俘虏兵是决不会有"倒戈"的现象的。今世未开化民族之争执及开化民族中之"械斗"亦可为旁证。殷人用奴隶来从事生产，在卜辞中颇有证据。卜辞里面每见"王令小臣某以众人黍于某"的辞例。"小臣"就是管家娃子，"众人"就是所谓"庶人"，所谓"黎民"，就是从事农耕的生产奴隶了。故尔殷代，至少在其末年，确实是到了大规模的奴隶生产时代。而这些奴隶的来源大抵就是夷人或者黎人。因此，这些奴隶便称为"黎"，或者"鬲"，或者"人鬲"。《书经》上的"民献有十夫"，今文作"民仪"，其实也就是"人鬲"。"献"字是古文家认了别字。因为献这项古器，是在鬲之上更加一层甑，其象形文（《小盂鼎铭》中有之），与鬲实相类，古文家认不清古字，便把它读错了。然而根据《大盂鼎铭》，“人鬲”实家内奴隶与生产奴隶的统称。生产奴隶的“庶人”是居在最下位的。又根据《世俘解》，“馘磿”与“俘人”对称，亦足以证明“磿”是两种奴隶的统称，而“人”便是庶人了。在这里面庶人自占大多数，故到后来黎民与庶人渐渐就等于“一而二，二而一”的东西去了。

何以知道庶人就是生产奴隶？根据卜辞的“众人黍于某”的记载已可证明。我们再引证《左传》上的资料，更可以得到明确的概念。

> 其卿让于善，其大夫不失守，其士竞于教，其庶人力于农穑，商工皂隶不知迁业。（**襄九年楚子襄对于晋国的评语**）
>
> 天子有公，诸侯有卿，卿置侧室，大夫有贰宗，士有朋友，庶人、工商、皂隶、牧圉，皆有亲昵，以相辅佐也。（**襄十四年晋师旷语**）
>
> 克敌者，上大夫受县，下大夫受郡，士田十万。庶人工商遂（“遂”是“进级”之意）[①]，人臣隶圉免。（哀

① 作者以后在《关于周代社会的商讨》一文中，对“遂”字的解释有所改变。见《奴隶制时代》一书（一九七三年版）第一一四页：“‘遂’字相当费解，我从前照杜预的说法解为‘进级’，不十分妥当。嵇先生解为‘得遂其自由’，似乎更好。但‘得遂其自由’与‘免其为奴隶’，其实是同样的意思，不过‘庶人工商’是生产奴隶，‘人臣隶圉’是家内奴隶罢了。”——《郭沫若全集》注

二年晋赵鞅《誓师辞》）

根据这三项资料，我们更可以知道，“庶人”就是从事农耕的。这是我们中国这种大陆国或者农业国的主要的生产者。这三项资料都是春秋末年的情形了，在这里面尤其值得我们注意的是庶人的地位生了变化，而品质也生了分化。由庶人之中生出了工商的新的阶层，庶人被提升到贵族或奴隶主之下，家内奴隶之上去了。在初本来是不入等级的最下等的人，却被提升了地位，这是值得我们注意的。这所说的是什么？便是说明生产方式起了变革。而庶人渐渐由奴隶以下的地位解放了出来。

中国是在温带中的大陆国，也就是大农业国，有的是土地，有的是人。在这种物质条件之下，便产生了奴隶解放的机运，也可以说是产生了一种中国形态的由奴隶制转化为封建制的方式。这是转化得很迂缓，很自然，而没有采取十分剧烈的革命形式的。自大氏族制解纽以后，由大宗而小宗，而别宗，土地与人力都生出分割，由大集团的共有成为各个小集团的共有而仍统辖于公。各个小集团利用有余的人力去开拓有余的土地，于是在公有土田之外便生出私田，所谓“雨我公田，遂及我私”，便是在这种情形之下生出来的。那并不是如《孟子》所解释“井九百亩，其中为公田，八家皆私百亩”的意思，更不是近人所解释的庄园制的雏形。土地再分割，人力再加榨取，私有单位愈小，开拓地面愈大，便形成私肥于公的形势。于是公权下移，王纲解纽，逐渐闹到政逮诸侯、政逮大夫、政逮陪臣的地步。生产奴隶的庶人，他的生产价值被人认取了，在各个所有主之间被人互相争夺诱致，于是他的地位也就不得不被提高了。生产奴隶本身也可以利用其剩余劳力开拓有余土地，或利用别种资料而形成为工商阶层，自己本身也逐渐地过渡到富庶的地步。他也可以自备家内奴隶或甚至生产奴隶，便是娃子又有了娃子，所以庶人地位便超在了皂隶之上。这便成为奴隶解放。奴隶解放者不是家内奴隶免籍，而是生产奴隶蜕变。

这个蜕变时期，大抵就在春秋、战国时代。中国地大，各地的发展情形并不平衡，因而各国的蜕变时期有先有后。以中国为单位来说，前前后后合计经过了三四百年，但如以各个的国家为单位来说，那情形又稍有不同。春秋列国之中，大抵齐国蜕变得比较早，它是靠官山府海的工商业而兴起的，情形特异。其他各国在农业的生产方式上所可考见的巨大的变革，例如鲁国在宣公十五年“初税亩”，这要算是农业革命的最早的一例。在古公田时代，无所谓租税，公田所产，由公家藉之，即是全部生产均归公家，生产者是由公家所饲养。待到私肥于公，则公家所入实微乎其微，故不如泯却公私，承认私有，而一律采取租税制。这样，则公家的收入，比专靠公田所入者会更大。必定要大得多，才会采取这种变革的。在鲁国，虽然宣公十五年已“初税亩”，然到一百一十二年之后的哀公十二年又才“春用田赋”，在制度开始改革之际，阻碍横生，其间是有过一长段没有行通的时期的。

在《左传》鲁襄公二十五年，有楚国改革田制的资料。

> 楚蒍掩为司马，子木使庀赋数甲兵。甲午蒍掩书土田，度山林，鸠薮泽，辨京陵，表淳卤，数疆潦，规偃潴，町原防，牧湿皋，井衍沃，量入修赋，赋车籍马，赋车兵徒卒甲楯之数。既成，以授子木。

又在襄公三十年有郑国改革田制的资料。

> 子产使都鄙有章，上下有服，田有封洫，庐井有伍，大人之忠俭者从而与之，泰侈者因而毙之。……从政一年，舆人诵之曰：“取我衣冠而褚之，取我田畴而伍之，孰杀子产？吾其与之。”及三年，又诵之曰：“我有子弟，子产诲之。我有田畴，子产殖之。子产而死，谁其嗣之？”

这项资料把制度变革时的一般人的动态，表现得极其简明而生动。尤其值得注意的是那所谓“舆人”，那便是十等人中的第六等的家内奴隶，而他们公然有私有的“田畴”了。把这些私有的田畴通登录起来，承认它的私有而分别征税，更把奴隶主的所谓“大人”，加以甄别淘汰，好的也听其私有，不好的便索性杀戮。子产这位政治家，在当时有好些人骂他为“蝎子尾巴”，故大家都想“杀”他。然而经他一改革，才仅仅三年，便大家都歌功颂德了。足见得旧制度已经十分腐烂，早就到了非变革不可的地步。

到了战国时代，魏文侯时的李克，亦即李悝，有尽地力之教，使魏国富强。传其衣钵的有吴起与商鞅。吴起行之于楚，“捐不急之官，废公族疏远者，以抚养战斗之士”，而使楚国强盛，但遭了“贵戚”的众怒被“宗室大臣”们射死了。商鞅行之于秦，“为田，开阡陌封疆而赋税平”，秦国因之而强盛，也受到“宗室贵戚怨望”而遭了车裂。这两位革命的政治家（吴起虽仅以兵家名，其实他是长于政治的），虽然同以悲剧终结，但他们的法术的行与不行，便规定了秦、楚的运命。秦国用商鞅之法而兼并天下，楚国废吴起之法而终于绝灭。关于秦、楚的对比，在楚顷襄王二十一年曾经攻下楚都，焚其宗庙，逼楚国东迁的秦将白起有一段话极有史料价值，见《战国策·中山策》的最末一篇：

> 是时楚王恃其国大，不恤其政，而群臣相妒以功，谄谀用事。良臣斥疏，百姓心离，城池不修。既无良臣，又无守备。故起所以得引兵深入，多倍城邑，发梁焚舟以专民心，掠于郊野以足军食。当此之时，秦军士卒以军中为家，

将帅为父母，不约而亲，不谋而信，一心同功，死不旋踵。楚人自战其地，咸顾其家，各有散心，莫有斗志。是以能有功也。

不愧是一位名将说的话，他没有把战争的胜利纯全归之于军事的胜利，而是把它和政治动员的情形紧密地联系着的。楚国闹到了“谄谀用事”“百姓心离”的情况，不是足以证明吴起之法已经是扫地无存了吗?

由以上所述，可见中国的古代社会在春秋、战国时代确实是进行着一个很大的变革，即便是由奴隶制逐渐移行于封建制，而这个变革的完成是在嬴秦兼并天下以后。秦以前和秦以后的中国社会，完全是两个面貌，这是毫无问题的。

有了这样的社会变革，在意识形态上自然便生出极大的反映。首先是人民的价值生了莫大的变易。以前是人民与六畜同科的，例如《周官》朝士“凡得获货贿、人民、六畜者，委于朝，告于士”，又“质人掌成市之货贿、人民、牛马、兵器、珍异”，人民与六畜、牛马同为贩卖品。甚至人民的价值连牛马也不如，孝王时代的《曶鼎铭》载明曶这位先生曾以一匹马和一束丝去掉换五个人（在那铭文中连这五个人的名字都是揭载着的），足见五个人的价值仅仅超过了一匹马。这人民的价值是多么贱！然而到了战国时代却发生了“民为贵，社稷次之，君为轻”（《孟子·尽心下》）的议论了。

因为人民的价值提高了，故伦理思想也发生了变革，人道主义的思潮便澎湃了起来。儒家倡导仁，道家倡导慈，墨家倡导兼爱。这都是教人要相互尊重彼此的人格，特别是在上者要尊重在下者的人格。以前在氏族制时代是把人当成牺牲（卜辞中还多以人为牲的记录），在奴隶制度时代是把人当成牛马，现在是要求把人当成人了。把人当成人，便是所谓仁。这个“仁”字是春秋、战国时代的新名词，在卜辞及金文中没有见过，就是在春秋以前的真正的古书中也没有见过。这个字的出现，是当时的一个革命的成果，我们是应该把它特别看重的。事实上当时的儒、道、墨三家的整套的伦理思想的出现都是革命的成果，我们不可以拿我们处在二十世纪的现代的眼光去看，要辩证地从历史的发展上去看。不能说在现代这些思想有一部分是落后了，而公式地断定这些思想都是反动的。

更其次是政治思想发生了变革。保卫人民的德政思想成为了普遍的潮流。在消极方面反对不义的战争，反对不义的刑戮，反对世卿制度，而在积极方面则主张“尚贤”，主张“有德者必在位”，主张“为政以德”。而为统一全中国起见，极力主张消弭各个氏族集团的个别的传统，特别是个别的氏族传统，而倡导出整个中国民族的大公祖以为统一的基点。道家捧出黄帝，儒家捧出尧、舜，墨家捧出夏禹，都是这个用意。这黄帝、尧、舜的出现，我们是不可轻略看过的。在以前，各个氏族集团各有它的小公祖，例如我们在卜辞中所见到的殷代祖先只有上甲、王亥、高祖夒（王国维谓即帝喾）诸人，周代金文中数到的周人祖先只及文、武，《周诗》中也只见到公刘、太王、后稷，唐尧、虞舜是连痕迹都没有的，更古的黄帝更不用说了。故黄帝、尧、舜的出现在当时也实在是革命的出现，主要的目的就是在企图泯却各族的差别观，而在政治上求得中国的大一统。

更其次是地上的思想反映到天上，地上的世卿制既遭反对，地上的王位既轻于民位，则天上的唯一神——地上王的影子——也就发生了动摇而模糊起来了。在氏族制时是万汇皆神，在奴隶制时是万物一神，而到春秋、战国时代则成为“民者神之主”。中国的唯一神观念——上帝，是创生于殷代，卜辞中已有上帝的名称出现，在周初虽曾略见动摇，但不久仍稳定如故。自夷、厉以后，神便大倒其楣。“变风”“变雅”中常受诗人责怨，而到春秋末年以后，更几乎完全消失了他的存在。周秦诸子中除墨家尚承认有人格神之外，道家便主张只有一个无形无影的“道”，是超越空间时间，无处不在，无时不在，似虚而又非虚的一种实体。儒家则主张只是一个理，也就是变化的道理，宇宙中就只有变化，由一个阴阳刚柔之对立而生。这变化有时谓之“易”，有时亦谓之“道”，在便宜上亦谓之“天”，亦谓之“神”。事实上道儒两家都是无神论者。这个变革怎么也不能不说是天大的变革。

更其次是整个的智识下移，文字艺术一切都生了变革。我们知道古代的智识是贵族或奴隶主的专有品，除王室、公室乃至王室公室中少数史巫之外，一般的人民都是无智识的文盲。故尔古人说，“民者盲也”，或者说，“民者冥也”。智识为贵族的专有品，一切的文字、艺术、文物、礼节，都是贵族的专有品，所谓“礼不下庶人”，便是文化化不到奴隶身上去。然而在春秋、战国时代，情形便大不相同了。儒、道、墨的大师虽然多是世族出身，而他们的弟子则多是庶人。而且人数之多出人意外。孔子的及门弟子便有三千，单是他的弟子澹台灭明的弟子也有三百。战国时齐国的田骈“訾养千锺，徒百人”（见《战国策·齐策》），都是很兴旺的一些读书帮口。所以孔子以一没落的流亡贵族，而他的弟子们尊之为“素王”，实在是巍巍乎有王者的气象。

文体的变革是值得特别注意的。自有文字以来，其很快地便为贵族所垄断而成为神秘的工具。因此一切古代的文体都和民众有很大的距离，和民众的言语有很大的距离。文体异常的简单，异常的奥妙，异常的定型化，而类似于化石。这里是有政治上的必要的，因为愈要和人民脱离，才愈显得神秘；愈显得神秘，才愈使人民难于接近而易于垄断。但是人民抬起头来了，智识既不能不下移，容载智识的工具更不能不要求其通俗化。故在春秋、战国时代，中国的文体便生出了一个划时代的变革。我们请把卜辞、金文、“训诰”、“雅颂”拿来和周秦诸子的文章诗歌比较一下，便可以立地知道这其间的悬隔。散文有“焉乎者也”的语助辞出现了，这是在前所没有的。诗则有《国风》的民间歌谣的收集，与《雅》《颂》也大有不同。一句话归总，便是文章逐渐语体化、大众化，在这时，的确是有一个文学上的大革命。

以上便是春秋、战国时代，应着社会的变革，由奴隶制至封建制的变革，而产生的意识形态上的反映，即思想革命。屈原是生在这个时代的将近末期的，我们请更进一步来检讨他的思想。

屈原思想很明显的是带有儒家的风貌。这种见解倒并不始于我，古人早已就有见到的。例如淮南王刘安说《离骚》兼有《国风》《小雅》之长，其志足与日月争光。（**语出刘**

安《离骚传》，今佚。为《史记·屈原传》所采录，据班孟坚序知是刘语。）王逸更引申之，谓“《离骚》之文依五经以立义”（见王注《离骚序》）。刘勰《文心雕龙·辨骚》亦谓“虽取镕经义，亦自铸伟辞”。降至前清的戴东原，也说“其心至纯，其学至纯，其立言指要归于至纯。二十五篇之书，盖经之亚。”（见戴著《屈原赋注·序》）这些旧式的学者于引证上虽然都不免有些牵强附会之处，但断案并没有错。最好我们从屈原作品中来检查一下，看他有些什么思想，究竟和儒家是不是接近。

第一，我们感觉着屈原是注重民生的。

> 长太息以掩涕兮，哀民生之多艰。
>
> 怨灵修之浩荡兮，终不察夫民心。（《离骚》）
>
> 皇天之不纯命兮，何百姓之震愆！
>
> 民离散而相失兮，方仲春而东迁。（《哀郢》）
>
> 愿摇起而横奔兮，览民尤以自镇。（《抽思》）

像这样“太息掩涕”念念不忘民生的思想，和他念念不忘君国的思想实在是分不开的。他之所以要念念不忘君国，就是想使得民生怎样可以减少艰苦，怎样可以免掉离散。特别是《抽思》的那两句，表明了他的爱民的心切。他本是打算放下一切朝别处跑的，但他一念到老百姓的受苦受难便只好自己镇定下来。这是多恺切而又沉痛的一个自述呢！古时候的人每怪屈原不得志于楚国为什么不肯跑到别国去发展自己的怀抱。有的又作这样的解释，以为他是楚国的同姓不忍离开自己的祖国。这些都是肤浅之见。一向的人只看到屈原高唱忠君爱国的调子，差不多都忽略了他是位民本思想者，所以对于屈原的态度每每不能了解。像班固那种人竟非难屈原露才扬己，怨刺君上，强非其人，不知道明哲保身。这更是十足地透露了班固自己的可怜性，所谓“蜉蝣撼大树，多见不自量”了。

屈原在当时的确是可以走的。一国不容即便出走他国，也是春秋、战国时代很流行的一种风气。就如孔子吧，他本是宋人而流寓于鲁国，在鲁国不得志，他便周游天下，走了不少的地方。他的弟子们也是分散在东西南北的。他的再再传弟子如像孟轲，也由邹而齐而梁而滕，走到老都还不见休息。荀卿也是由赵而齐而秦而楚，而终老于兰陵。孟、荀以外的一些游士说客，那更朝秦暮楚，昨赵今齐，甚至于走到哪一国去便劝哪一国的主人去攻略自己的祖国，真真正正是彻底而又彻底了。古人曾说“楚材晋用”，事实上最普遍的是晋材秦用，秦国兴国的一些政治家差不多都是晋人，如像商鞅、张仪、范雎、吕不韦等都是。这正表明当时的一般具有见识的人所怀抱的大一统思想的实践。周秦诸子同是主张大一统的，但大别也可以分为两派，主张德政的人例如儒家，则大抵反对秦国，而主张刑政的人例如法家，则每每不择手段，而倾向于维护秦国。春秋、战国时代，尤其是战国末年，中国实在已经到了“车同轨，书同文”的地步，只等有一个国家来收获这政治上的大一统的功绩。当时的列国中最有资格的便是秦、楚两国，刘向有两句话，“横则秦帝，纵则楚王”（见《战国策叙录》），把当时的情形说得最为扼要。秦国最占形势，居高临下，俯瞰中原，而它的刑政修明，人民善战，故最有资格。楚国则地大物博，奄有长江流域、淮水流域的一大片膏腴土地，而其南方更是无敌地带，足以供其尽量发展，只要刑政能够修明，也是很有资格。楚国还有一项资格是它的武器的资源不缺乏。金锡的名产地吴越为其所有，而它又是铁器的开始使用者，《荀子·议兵篇》言“楚人宛钜铁釶，惨如蜂虿”，秦昭王也曾说过“楚用铁剑故其卒强”（见《史记·范雎传》）。这，我们可以知道，是因为有大冶产铁区在它境内的缘故。在这儿我们更可以了解，屈原在可以走的风气之下，而偏偏不肯走的另一个原因了。屈原也是主张大一统的人，他所怀抱的是儒家思想的大一统。刘安对于《离骚》的批评有几句很扼要的话：“上称帝喾，下道齐桓，中述汤武，以刺世事。明道德之广崇，治乱之条贯，靡不毕见。”除掉“下道齐桓”多少有点问题之外，差不多全是儒家理论的体系。其实就是齐桓、管仲，也是孔子所称道的人，所谓“微管仲，吾其夷矣”，又“齐桓公正而不谲”。到了孟子才夸张了些，说“仲尼之门羞称五霸”。

屈原怀抱着德政思想，想以德政来让楚国统一中国，而反对秦国的力征经营。故他的眷爱楚国并不是纯全因为是父母之邦，更不是因为自己也是楚国的公族在那儿迷恋“旧时代的魂”。我们要知道，他所称道的“前王”或“前圣”并不是楚国的先公先王，除掉《离骚》第一句的“帝高阳之苗裔”而外，他丝毫也没有把楚国的过去的史实来低回过。这是值得我们注意的。我们且把他所称道的“前王”和“前圣”索性开一个清单在下边吧。

一　“彼尧、舜之耿介兮，既遵道而得路。”

二　“济沅、湘以南征兮，就重华而陈辞。”

三　“汤、禹严而祗敬兮，周论道而莫差。举贤才而授能兮，循绳墨而不颇。”

四　“汤、禹俨而求合兮，挚咎繇而能调。”

五　“说操筑于傅岩兮，武丁用而不疑。吕望之鼓刀兮，遭周文而得举。甯戚之讴歌兮，齐桓闻以该辅。”（以上《离骚》）

六　“令五帝以折中兮，戒六神与向服。俾山川以备

御兮，命咎繇使听直。”（《惜诵》）

七 “驾青虬兮骖白螭，吾与重华游兮瑶之圃。”（《涉江》）

八 “尧、舜之抗行兮，瞭杳杳而薄天。众谗人之嫉妒兮，被以不慈之伪名。”（《哀郢》）

九 “重仁袭义兮，谨厚以为丰。重华不可逻兮，孰知余之从容？”

十 “汤、禹久远兮，邈而不可慕。”（以上《怀沙》）

十一 “高辛之灵盛兮，遭玄鸟而致诒。”（《思美人》）

十二 “凤凰既受诒兮，恐高辛之先我。”（《离骚》）

十三 “闻百里之为虏兮，伊尹烹于庖厨。吕望屠于朝歌兮，甯戚歌而饭牛。不逢汤武与桓缪兮，世孰云而知之？”（《惜往日》）

十四 “行比伯夷置以为象兮。”（《橘颂》）

十五 “求介子之所存兮，见伯夷之放迹。”

十六 “夫何彭咸之造思兮，暨志介而不忘。”“孰能思而不隐兮，照彭咸之所闻。”“凌大波而流风兮，托彭咸之所居。”（以上《悲回风》）

“既莫足与为美政兮，吾将从彭咸之所居。”（《离骚》）

“望三五以为像兮，指彭咸以为仪。”（《抽思》）

以上一共揭举了十六项，还有些次一等的贤人我没有举出。《天问》里面的我也整个除外了。《远游》，我认为是司马相如《大人赋》的初稿，也是除外了的。我们看他所称道的唐尧、虞舜、禹、汤、文、武，不正和儒家的古史观是整个一个系统吗？称赞伯夷、伊尹，称赞皋陶、彭咸，不也和孔孟是一个脚步吗？“彭咸”有的说是一个人，又有的说是两个人（彭祖与巫咸），与孔子所说的“窃比于我老彭”是一样，也有的说是一个人，又有的说是两个人（老聃与彭祖）。假使是一个人则老彭应该就是彭咸，假使是两个人则彭祖是共通着的。儒家的古史系统是根据大一统的思想所考案出来的东西，尧、舜的存在我们在卜辞和金文里面并没有发现，而且在殷周人的“训”、“诰”、《雅》、《颂》里也是没有的。儒家的一套尧舜观和道家的一套也不尽相同。例如第八项的被尧舜“以不慈之伪名”的便是庄子。庄子说“尧不慈，舜不孝”，在这儿屈原还是把庄子当成了“谗人”在指责的。儒家把尧、舜时代粉饰得很庄严，事实上是对于氏族共产社会的景慕。《书经》上的《帝典》（即伪古文之《尧典》与《舜典》）、《皋陶谟》、《禹贡》、《洪范》，这四篇东西，在我看来是子思一派人假托的。在当时，它本质上是一种革命的、前进的思想，想推翻君主世袭制，并不是迷恋“旧时代的魂”。屈原完全继承了这一体系的思想，也正充分地表现着他的革命的、前进的精神。他主张德政，主张选贤举能，主张大一统，他根本没有拘泥于楚国一个小圈子里面的传统，那是更不能说他在迷恋“旧时代的魂”的。

“有德者必在位”的主张，在他的诗里面也有。例如：

皇天无私阿兮，览民德焉错辅。

夫维圣哲以茂行兮，苟得用此下土。（《离骚》）

这不是表现得明明白白的吗？他之所以“系心怀王”，其实是“愿荪美之可完”（《抽思》），望他成为有德的人物，借楚国的地位来做德政式的中国的统一。待他实在无可奈何的时候，他也只好骂他是“壅君”（《惜往日》）了。他决不是因为是“一个三闾大夫，对于没落的公族制，反而寄着衷心的同情感，……企图改善当时公族专政的制度”。

屈原的道德节目也和儒家所理想的别无二致。他是注重在“修己以安人”的。例如：

一　“瞻前而顾后兮，相观民之计极。夫孰非义而可用兮，孰非善而可服？”

二　“耿吾既得此中正。”

三　“苟中情其好修兮，又何必用夫行媒？”

四　“何昔日之芳草兮，今直为此萧艾也？岂其有他故兮，莫好修之害也！”

五 “民生各有所乐兮，余独好修以为常。”（以上《离骚》）

六 “苟余心之端直兮，虽僻远之何伤！”（《涉江》）

七 “善不由外来兮，名不可以虚作。”

八 “何灵魂之信直兮，人之心不与吾心同？”（以上《抽思》）

九 “易初本迪兮，君子所鄙。……内厚质正兮，大人所盛。”

十 “重仁袭义兮，谨厚以为丰。”“万民之生，各有所错兮。定心广志，余何畏惧兮。”（以上《怀沙》）

十一 “芳与泽其杂糅兮，羌芳华自中出。纷郁郁其远承兮，满内而外扬。情与质信可保兮，羌居蔽而闻彰。”（《思美人》）

十二 “闭心自慎，终不过失兮，秉德无私，参天地兮。”（《橘颂》）

像这样例子实在是举不胜举。此外还有无数的香草美人的譬喻和对于骄傲虚伪的斥责，整个的骨子是和《论语》《大学》《中庸》里面的思想无大出入的。

道德的内涵尽可以因时代而不同，而道德的节目（词汇）

有些是长远不变的。譬如“仁义”这两个节目，它们的内涵，便是说要怎样才算得“仁”，怎样才算得“义”，是因时代而变；而应该“仁”，应该“义”，却不会变。“把人当成人”就是“仁”，“该做就要做”就是“义”，这是长远不变的。屈原是深深把握着了他的时代精神的人，他注重民生，尊崇贤能，企图以德政做中国之大一统，这正是他的“仁”；而他是一位彻底的身体力行的人，这就是他的“义”。我觉得他倒不仅仅是一位革命诗人，更说不上什么“艺术至上主义者”了。

在这儿我们倒有个问题：便是屈原这样彻底地接受了儒家的思想，他这思想的渊源是从什么地方来的？我们知道，在春秋、战国时代，中国南方的思想和北方的思想是有浓厚的地方色彩的区别的。儒家特别代表了北方式的现实主义，道家则代表着南方式的超现实的理想主义。道家中的主要人物庄子是宋人。《道德经》成于环渊之手，是楚人，都是南方的人物。《孟子》上有一位“为神农之言”的许行，也是楚国的人物。“陈良之徒陈相与其弟辛，……见许行而大悦，尽弃其学而学焉。”孟子便责备他们说：

> 陈良，楚产也。悦周公、仲尼之道，北学于中国。北方之学者，未能或之先也。彼所谓豪杰之士也。子之兄弟事之数十年，师死而遂倍之。

据这个故事看来，可以知道当时确有南北学派之分，而陈良是楚国的一位儒家代表，并且是曾经教过几十年门徒的。照年代上说来，我觉得屈原说不定就是陈良的弟子或其私淑弟子。屈原出使过齐国，他和北方的儒者也应该有过直接的接触，可惜在这一方面没有资料可供考证。

屈原的关于形而上的思想也深受着儒家的影响。他本质上对于神的存在是怀疑的。《天问》一篇差不多整个是对于“怪力乱神”的疑问。但他在另一方面却仍然保留着天的信奉，例如前面已经举出过的“皇天无私阿兮，览民德焉错辅”，便是良好的例证。或许在他的观念中的“皇天”或“后皇”，也同儒家一样，只是一种理念，而不是像殷周时代的乃至如墨家意识中的那种人格神吧。照道理上讲来应该是这样。因为一方面既那样怀疑，另一方面似乎不应该再有人格神的信奉。不过屈原在这儿却现出了他的矛盾。他的诗里是有天堂、地狱等的描写的。我们根据司马迁的记载，把《招魂》认为是屈原的作品。《招魂》里面上帝能够说话，而且还住在天上，天门有九头怪物把守。

魂兮归来，君无上天些。
虎豹九关，啄害下人些。
一夫九首，拔木九千些。

豺狼纵目，往来侁侁些。

悬人以娭，投之深渊些。

致命于帝，然后得瞑些。

这说的是天堂，看这所写的当然并不是乐园而是十分险恶的地方。假使把天堂写得十分险恶是屈原的创见，那倒是在把天堂来开玩笑，和《天问》的怀疑思想颇相配合。《离骚》里面也说到天堂而且还把天堂的看门头儿（“帝阍”）骂了一番，这倒是千真万确的屈原的异想。他叫月神的望舒跟他做先锋，叫风伯的飞廉跟他做后卫，叫凤凰去做传宣使者做通报，乘着风云在空中或上或下、或分或合地便走到了天国的门前。他叫天国的门子跟他开门，然而那门子却倚着天门望着他，不跟他开。（大约是要点进门礼吧？）他没有办法，天又昏暗起来了，自己在天门前踌躇了一下，他又想往昆仑山上去。回头再把天门望了一下，不禁流下了泪来，伤心地说“连天国中都没有好人”（“哀高丘之无女”）。这思想真是够奇特的，在二千多年前无论哪一国的著作家，我相信都不会有过这样奇特的思想。

《招魂》中又写到地狱。

魂兮归来，君无下此幽都些。

土伯九约，其角觺觺些。

敦脄血拇，逐人駓駓些。

参目虎首，其身若牛些。

此皆甘人，归来归来，恐自遗灾些。

这是中国所固有的描写地狱的文献。《尚书·尧典》有“申命和叔，宅朔方曰幽都”，虽然同叫幽都，但指定为北方区域，和这不同。这些怕是中国古代所流传下来的仅有的传说吧。有人说，这是南方古代所接受的印度思想，但恐怕也不尽然。一切宗教性质的东西都是人间世的反映。自氏族社会解体以来，人间有王长者出现，玉衣玉食，作福作威，反映到天上便成为上帝与天堂。与王长者为对的奴隶们或叛逆者，则受苦受难，该烧该杀，再彻底一点，就让他埋进土里也逃不掉监狱和禁子。土伯和幽都便是这禁子和监狱的影子。中国古代既有监狱，怎能说不会有地狱呢？不过中国的这种观念还没有十分发展，便被后来输入的印度思想所代替罢了。

屈原思想对于奴隶制时的神权束缚本来是怀疑的，但他却不惜费力量来描写天堂、地狱，而仍然承认着上帝与土伯的存在。他反对“怪力乱神”，但也讴歌“怪力乱神”，像他的《九歌》里面所讴歌的一些神鬼，差不多都是一些“怪力乱神”的标本。这不能不说是有点矛盾的。这矛盾该得怎样解释呢？我看这解释也很简单，便是屈原并不是一位纯粹的思想家，而是一位卓越的艺术家。他在思想上尽管是北方式的一位现实主义的儒者，而在艺术上却是一位南方式的浪漫主义的诗人。这两者在他的作品中，在他的人格中，老实说是相合无间，并显不出怎么的矛盾的。换句话说，便是他的人格和作品把这两种倾向巧妙地综合了。作为一个艺术家，和纯粹的思想家是不同的，他须得反映多方面的生活，须得把思想穿上衣裳，赋以血肉，而使之形象化。特别是在习惯上有许多不合理的东西，我们不知不觉地也还非得沿用它们不可。譬如我们现代的人，谁都知道地球绕着太阳在转，然而我们每一个人在晴天的清晨总要说“太阳出来了”，在晚上总要说“太阳下山了”。谁都知道月亮并没有盈亏，然而总还是说月圆月缺。心脏只是管血液循环的，我们要表示感情的时候，还是在说，“你不知道我的心”，或是说“很想把心子剖给你看”。这是不合理，是矛盾，然而谁也不觉其不合理，谁也不觉其矛盾。故如歌德尽管是泛神论者，而他的《浮士德》依然在描写天堂、上帝、恶魔；爱因斯坦尽管是相对论的倡导者，而他依然信仰耶稣教。屈原思想和他艺术表现上的矛盾，便是这样。合理的思想照例是前进的东西，生活习惯总要落后一点。艺术是生活习惯的反映或批判，它在纯粹性上便要受些限制。但是生活习惯到了若干时后也是要跟着前进的，到了那时候还要固执着那种生活习惯，那就成为思想落后了。屈原所表现的天堂、地狱和神鬼等，在北方的诗歌中却几乎没有，在这儿也可以得到说明，便是北方的生活习惯在当时已经和南方的大有距离。

中国文化的滥觞，事实上是起于殷代。殷代的人集居在黄河流域的中部，最早把这一带地域开化了出来。周人代殷而起，殷人大部分被奴隶化了之后，但还有一部分和他的同盟被压迫向东南移动，移到了淮河流域和长江流域，便是宋、徐、楚诸国。这些人“筚路蓝缕，以处草莽，跋涉山林”，算又把这东南夷的旧居开拓了出来，把殷人所创生的文化移植到了南方。所以在周代数百年间，尽管南北敌对，各自发展，而在文化上依然是同母的兄弟。因为无论南北，都是殷人把它开化出来的。但是殷人的气质和周人的颇有不同。殷人是比较爱好艺术的民族。殷墟所发掘出的古物，无论是铜器、石器、骨器、白陶，乃至甲骨上所刻的文字，都富有艺术的风味。又因时代关系，殷人最崇信鬼神，故其文化色彩充分地带着超现实的气韵。周人则是比较现实的民族。他们是“敬鬼神而远之”的。他们继承了殷人的文化，但加上了自己的现实主义的特征，在几百年的陶冶中，于是在黄河流域又形成了一种比较质实的生活习惯。南方的开化既较迟，而又是殷人的直系的文化传统，故尔南方的生活习惯较为原始，然亦较富于艺术味。这便是南方的思想与诗和北方的思想与诗，在风格和内容上，何以颇为悬异的缘故了。我曾作过这样的比譬：殷人颇像雅典人，周人则颇像斯巴达人。我觉得这个比譬是相当恰当的。中国文化既导源于殷，在周代虽有南北之分，而自秦国兼并六国以后，天下一统，秦人是更质实的氏族，于是北方的现实主义的文化便统一了全中国，殷楚人的那种生活情趣便渐渐被融化了。

屈原的诗是把民间形式扩大了，而且尽量地采用方言，在春秋、战国的文学革命上完成了诗歌方面的一个伟大的革命。这层我在别的机会上已经叙述过好几次，在这里不想再缕述了。不过他这诗歌形式的革命却和他的思想的前进性是合拍的。他是注重民生的人，乘着奴隶解放的潮流、智识下移的气运，对于已经僵定了的诗歌，借民间的活生生的生活与言语的灌入，使它复活而蓬勃了起来。这是他的一个伟大的成功，是永远也不能磨灭的。但可惜他的作品留存于世的只有诗而无文，这却不免是一件憾事。他是替楚怀王拟造宪令的人，《惜往日》里面也说“奉先功以照下兮，明法度之嫌疑”，他应该是有许多散文写出的，而这些散文却没有方法再见了。

总之，屈原的思想是前进的，他是一位南方的儒者。儒家思想，在当时，由奴隶制蜕变为封建制的当时，是前进的，我们不好由现代的观点来指斥为反动，更不好因而说屈原也是思想反动。他和王国维不同，王国维是在封建制已开始蜕变的时候而仍然固执着封建思想。同样也和托尔斯泰与巴尔扎克不能并比。屈原固仍不免有些矛盾，但他的矛盾只是在作为艺术家的构思和遣词上，有意无意地不能将旧有的生活习惯完全摆脱，便是思想是前进的，而方法则不免仍有多少限制。这样小小的矛盾并不是使他终于怀石自沉的原因。他的自杀的原因倒是由于他的理想和楚国当时的现实相隔太远，不能不使他失望，因而他便只好演出一幕殉道者的悲剧了。请再把白起批评楚国的话摘录一遍吧。

> 是时楚王恃其国大，不恤其政，而群臣相妒以功，谄谀用事。良臣斥疏，百姓心离，城池不修。既无良臣，又无守备。

这和屈原作品中所斥责的楚国当时的情形，俨如桴鼓之相应。处在这样的国度里面，身受迫害、倔强到底而感受性又比任何人都要锐敏的人，你叫他会怎样？白起在楚顷襄王二十一年的拔鄢郢、烧夷陵的兵势，确实把楚国几乎逼到了亡国的边缘。早就看到了这一步，而终于看到了这一步的诗人屈原，你叫他会怎样？更何况屈原他是有至高的理想的，他是想以德政来实现中国的大一统，然而好端端的一个楚国却被父子两代的“壅君”和群小们弄得一塌糊涂，看着那以力征经营的秦国便要以刑政来统一天下，这不是比一个楚国亡了，更要令人失望吗？临到了这样的一个最大失望，理想家的屈原，你叫他会怎样？我看除死而外，在他实在是没有第二条路好走。更何况他的死，就和王国维是因为肺病和经济逼迫一样，也还可以有别的生理上的原因。我是感觉着屈原的身体，并不十分健康的。过着三十多年的悲剧生活的人，论道理也不会健康得起来。他的悲伤忧郁，长久不能去怀，精神和身体都不能不受损害。他似乎是有失眠症的人，请看他说：

一 “涕泣交而凄凄兮，思不眠以至曙。终长夜之曼曼兮，掩此哀而不去。”（《悲回风》）

二 “思蹇产之不释兮，曼遭夜之方长。”

三 “望孟夏之短夜兮，何晦明之若岁！”（以上《抽思》）

睡了似乎梦也很多，又很怪：

一 “惟郢路之辽远兮，魂一夕而九逝。”（《抽思》）

二 “昔余梦登天兮，魂中道而无杭。”（《惜诵》）

还有身体上也确实有痛苦：

“背膺牉以交痛兮，心郁结而纡轸。”（《惜诵》）

这大约是神经痛，不然便是肋膜炎。至于他有心悸亢进的征候，在他的诗里是屡见不一见的。再说《离骚》那种诗形，

《九章》的大部分也是同样，是有点“印版语”（settertyped expression）的倾向的，这也是精神多少有些异状时的常见征候。我这样说好像有些侮辱我们的诗人，但这责任是应该由楚国当时的一批群小来负。

屈原是一位深刻的悲剧人物，但这悲剧的深刻性也正玉成了他，成为伟大的民族诗人。

1942年2月20日

《屈原赋》今译

屈原简述

一

屈原是两千多年前中国的一位伟大诗人。同时是一位思想家、政治家。

他生于公元前三四〇年。他的时代，在中国是所谓战国时代，由春秋时代的十二大国已经归并而为七个大国，相互斗争着想完成中国的统一。

在七国中，处在西北部的秦国兵力最强；处在长江流域的楚国版图最大；处在山东半岛的齐国因为滨海的关系，擅鱼盐之利，货殖最富。韩、赵、魏三国是从晋国分裂而成的，故又称为“三晋”，据黄河流域的中部，国小人多，是中国古代的中心地带。偏于东北部的燕国，其疆域及于辽东半岛与朝鲜的北部，和分争的局面的关系比较疏远。

屈原是楚国的贵族。他生在一度很强大的楚国王朝的没落和败亡的时期。他的正直和进步的主张得不到腐败的楚王和其他贵族的支持，因而构成了他一生的悲剧。

他起初颇得到楚怀王的信任，曾做到相当高的“左徒”的官职，是国王左右的近臣，参与国家的政令的起草和外交等工作。屈原鉴于在秦国威胁下的楚国的危机，主张改革内政，并且联合齐国以求自保。但是楚王左右有一群自私自利的人，如像令尹子椒（在楚国政府中占着最高的位置）、上官大夫靳尚（是屈原的政敌）和王所宠爱的妃子南后郑袖，他们受了秦国使者张仪的贿赂，不但阻止怀王接受屈原的意见，并且使怀王疏远了屈原。结果楚怀王被秦国诱引去，做了三年的俘虏，囚死在秦国。

楚怀王之后是顷襄王，比他的父亲还要糊涂。就在顷襄王的二十一年（公元前二七八年），秦国的大将白起带兵南下，把楚国的都城打破了。楚国从此不能再振。五十五年以后，楚国终于灭亡。

屈原大部分作品都是他在政治上失意以后写的。当楚国的都城被白起攻破的时候，他曾经作过一首哀悼国都的诗，在当时他已经六十二岁了。他过了二十多年的流窜生活，看到楚国的前途已经绝望，就在这一年的五月五日（农历），终于跳进湖南省的汨罗江里自杀了。

二

屈原的一生是一个悲剧。他的政治生活是失败了的，但作为诗人，他却得到了很大的成功。人民都同情他，不仅楚国的人民同情他，就是全中国的人自他死后两千多年来一直都同情他。每年每到相传是他的死日的五月五日，全中国各地都要在河里划龙船，来纪念他。这个仪式，可以想象是象征着当年楚国人民打捞他尸首时的情况。全中国各地在这一天都要吃粽子——把糯米包在草叶里面煮熟了的食物，并把粽子投进河里去，据说是为着喂河里的蛟龙，要它们也吃粽子，而不要吃屈原的尸体。这个风俗也传到朝鲜、日本、越南、马来亚去了。

屈原为什么能获得这样大的同情呢？主要的原因是由于他是热爱自己的祖国和人民的。他虽然是楚国的贵族出身，但他对于人民有深厚的同情。他在两千多年前，便曾经喊出了这样的诗句：

长太息以掩涕兮，哀民生之多艰。（**我哀怜着人民的生涯多么艰苦，我长太息地禁不住要洒雪眼泪。**）（《离骚》）

愿摇起而横奔兮，览民尤以自镇。（**想率性离开故乡跑向国外，看到人民的灾难又镇定了下来。**）（《**抽思**》）

看到人民的灾难而流眼泪的人，人民是会为他流眼泪的。屈原的诗表露着他的一片真诚。他的实际生活也证明着他的言行一致。他在政治上失意了二十几年，在国内过着长久的流窜生活，但他一直没有离开他的祖国。他热爱楚国，热爱楚国的人民，流离颠沛，终于溺死在楚国而不肯离开。这样的人得到人民的深厚同情，是很容易理解的。

屈原的热爱人民更明显地表现在他的诗的形式上。屈原的作品流传到现在的有二十五篇，大部分是可靠的。他的诗一部分是祭神的歌辞，是他年轻得意时代的作品，很清新、很生动、很铿锵、很玲珑，有春天的和风那样的感触。但大部分是他失意之后的诗，悲愤、沉痛、抑郁、奔放，有时像狂风暴雨快要来的一样，有时就竟直像狂风暴雨。

屈原的诗的形式主要是从民间歌谣体发展出来的，所使用的语汇也多是人民的语言。他在古代中国的诗歌创作上卷起了一次大革命，而他的影响在中国文学史中一直作用了两千多年。人民是爱他的诗歌的。他虽然和我们相隔了两千多年，他的语言和我们现代已经有了相当大的距离，但我们假如把他的诗歌翻成现代语或外文，他的感动力依然没有减衰。

三

作为诗人，屈原的想象力，在中国文学史中是独步的。特别是通过他的《离骚》——最宏大的一篇抒情诗，我们可以看出，他把宇宙中的森罗万象都看成是有生命的存在，而且都可以用来替他服务。他把风、雨、雷、电、云、月，作为他的侍从、御者、卫士，使凤凰和龙替他拉车子，让他在天空中驰骋。他忽而飞到了天国的门前，忽而攀上了世界的屋顶，忽而跑到了西极的海边，结果是上天下地都不能满足他的要求，而不得不决心自杀。

尽管他在驰骋他的幻想的时候，假定有天堂、地狱和各种鬼神，但他并没有崇信它们的念头。在他看来，天堂也和地狱一样，并不是可以使灵魂安住的地方，他的《招魂》辞，向所招的魂说：不要到天堂去，不要到地狱去，不要到东南西北去，那些地方都是不好的地方，只有自己的家乡好。他在《离骚》里面叙述着他赶到天国的门前，叫看门的替他开门，而看门的却只是倚着门望着他——大约是不愿接待这个逐客吧？结果使他叹息着说：“天国里面也没有好人。”

他的最奇特的一首长诗，叫《天问》，从天地未有以前，问到天体的构造、地面的布置，再从神话传说问到有史时代，一直列举了一百七十多个问题，而没有答案。这些问题，为我们留下了古代中国的神话传说的一些梗概，但有好些是不能理解的：因为古代中国的神话传说很多失传了。

最值得注意的，我认为是他的关于天体构造的质问。天是谁造的？天的尽头处究竟是什么？天是放在什么上面？何以恰好分成了十二宫？太阳、月亮和星星究竟何所系属，它们都不掉下来？太阳一天究竟走多少里数？月缺了何以又圆？天还未明时，太阳藏在什么地方去了？这些是诗人所提出来的问题。问得很合乎理性。我们可以想见诗人对于自然现象是怎样关心，诗人的想象力是多么丰富。

本来在屈原时代的中国的思想界是有惊人的发展的。天文、历法、数学，都有相当的高度的发展，逻辑的观念也很普遍。与屈原同时而稍早的一位南方人名黄缭，曾经向北方的一位擅长逻辑的学者惠施，问过“天地何以不坠不陷？风雨雷霆之故？”惠施曾经答复了他。[①]可见关于天体构成的疑问，在

---

① 这个故事见《庄子·天下》，但可惜惠施之书失传了，他的答案是怎样，无从知道。（一九五三年初版本无此注。又译者在《十批判书·名辩思潮的批判》第五节《惠施与庄周》中认为，《吕氏春秋·有始览》一篇疑采自《惠子》，其中“关于天地、雷电、阴阳、材物之说，应该就是答黄缭问的那一套‘万物说’”。——《郭沫若全集》注）

当时的知识界是有普遍的关心。

屈原的时代是中国古代文化史上的黄金时代。以屈原的才质和他所处的地位，他自然容易感受到各家学派的影响，而使他向多方面发展。但他的诗才特别优越是毫无疑问的。感情的真挚、构思的奇特、气魄的雄浑、词藻的丰富、韵调的铿锵、形式的自由，使他在中国诗史和世界诗史上放射着永久的光芒。

爱祖国、爱人民、爱自由、爱正义的诗人是会永远不朽的。

1953年2月11日

九　歌

东皇太一

日子好，天上出太阳，
高高兴兴，来敬东皇[①]。
你两手按着宝剑，宝剑长又长；
剑鞘上，玉饰多辉煌！
全身的佩玉，风吹得丁丁当当。

竹席玉面光，
宝石镇四方。
请把香料来加上，

① 原作“上皇”，案即指东皇太一，在楚国是至上神。

菜也香，饭也香。

桂花泡的酒，

椒子洒的汤。

拿起鼓槌打起鼓，

徐徐唱歌慢慢舞。

鼓瑟吹竽声悠扬，

美貌妖娆，衣裳楚楚。

香呵香，香满堂。

满堂乐器会宫商，

你高兴，我们喜洋洋。

云中君

我把香草熬水洗了澡，

衣裳多漂亮，样子多美好！

云神翩跹来，已经在等待。

灯烛亮煌煌，天还没有亮。

云神快要到神堂。

云神放辉光，比赛得太阴和太阳。

坐在龙车上，身穿着五彩的衣裳[①]。

她要往空中翱翔，游览四方。

云神已出现，忽然飞上天。

看了中国还要看四海，

几时才看完？

思想你，好凄凉！

心神不定暗悲伤。

湘　君

（翁）

你们踌躇不肯走，

等待谁呵，在那河的中流？

打扮得多么美好呵，

快来赶我这香木的龙舟。

---

① 原作“帝服”，案指五方帝之服，言服有青黄赤白黑之五彩。

湘水呵，沅水呵，不要起风波！
江里的流水呵，也要心平气和！
你们等待着先生，没有来吗？
吹着排箫，在想哪一个？

驾着龙舟我们往北飞，
在洞庭湖中好打来回。
我已插上槟榔[①]，拴上蕙，
香花装饰桡片，兰花插作旗徽。

（女）
我望着老远老远的岑阳，
让我的魂灵，飞过大江。
魂灵飞去路太长，
妹妹忧愁，更为我悲伤。
我眼泪如珠往下淌，
有话难言真是凄凉。

① 原作“薜荔”。薜荔究竟是什么，旧说颇有出入。在本歌中凡两见。下文为协韵之便，我译为槟榔，故此处亦译作槟榔。但发声相同，亦非全无根据。

兰花插柁，桂插桨，

在冰雪中开路怎有下场？

谁能到树上掐莲花？

谁能到水中掐槟榔？

爱情毫无呵，谁能说合？

爱情不深呵，容易分张。

龙船任你飞又飞，

石滩它只浅又浅。

交情不诚实，遗恨千百年。

说话不算数，偏说没有空闲。

清早在江边上奔波，

晚来落宿在偏僻的小岛。

水在堂屋下回旋，

堂屋上睡着小鸟。

我把玉佩抛进江心，

我把琼琚丢在澧水边上。

在这香岛上采集山姜，

送给那贫苦的一些姑娘。

良辰美景不再来，

徬徨，徬徨，姑且散淡心肠。

湘夫人

（翁）

公主们来在这偏僻的岛上，

望眼将穿，绕着愁肠。

草木摇落秋风凉。

洞庭湖中起着波浪。

白蘋一片望眼长，

等人人不至，日已昏黄。

山鸟落进水中央，[①]

鱼网张在树巅上。

沅水有香芷，澧水有兰花，

① 此句原作“鸟萃兮蘋中”，与下句合参，意在表现失望，故把“鸟”译为山鸟，使意义更显豁。因单用一“鸟”字，亦可解为水鸟，便不稀奇了。

心里想着他，不敢说出话。
渺渺茫茫，望着远方，
江里的流水，凄凄凉凉。
麋鹿为何来在庭中？
蛟龙为何跑到岸上？

（女）
清早在江边上奔波，
晚来渡过了西边的岸头。
听说好哥哥他在叫我，
要和我一道逃走。

要把家筑在水底，
用荷叶来做房顶，
香花满壁，紫贝面着中庭。

堂上涂满香料，
桂花的栋，兰花的橑，
白芷的洞房，
木兰的门道。

薜荔网做帘，蕙草[1]面做床，

白玉镇在席四方，

石兰屏风荷花帐，

白芷做被条，[2]

杜衡挂在帐子上。

百草充满中庭，

满门满屋一片芳馨。

九嶷山的诸神都来欢迎，

连绵不断，如像天上的流云。

我把套袖抛进江心，

我把围裙丢在澧水边上。

在这小岛上采集山姜，

送给那不相识的一些姑娘。

良辰美景不能多，

---

① 原作“蕙櫋”，第二字音读如棉。照原字讲，是屋联。我揣想应该是假为棉，因为下文已经说到玉镇、屏风、帷帐之类，故作如此译。

② 原文为“芷葺兮荷屋”，“屋”是“幄”字之省，“葺”字当是“茸”字之误。因上文已言“葺之兮荷盖”，此处不应重复。盖因后人不知“屋”之为“幄”，故误改。茸，盖假为褥或衽。

徬徨，徬徨，姑且散淡心肠。

大司命

天门大打开，
乘着乌云出来。
叫狂风在前面开道，
叫暴雨为我打扫。

云中君[1]，你已旋回着飞往下界，
我要翻过空桑跟着你来。
九洲四海不少的男人和女人，
是我掌握着他们的寿命。[2]

我高高地飞翔在天上，
乘着清气，驾着阴阳。

---

① 本歌是作为大司命的自述。歌中凡见两“君”字，当即云中君。云中君是女神。古人女子亦称君，如寡小君、湘君即其例。金文晋姜鼎：“余唯嗣朕先姑君晋邦。”

② 原文为“何寿夭兮在予”，案此当读为：“何寿夭兮？在予！”

云中君，我要和你赛跑，
把东皇太一导引到九岗。

神妙的衣裳长又长，
佩戴着的珠玉吐辉光。
我时而显现，时而藏，
谁也不知道我干的勾当。

折来神麻玉白色的花，
送给那离开了的女娇娃。[①]
要嫁你就要赶快嫁，
年青人终久会老大。

乘上我的龙车轰隆隆，
让我们一直飞上天空。
你手扭着桂枝不肯动，
你愈想却愈是想不通。

---

① 原文作“将以遗兮离居”，“离居”是离开了家乡的人，当即指云中君。

想不通呵，好心焦，
你但愿人永年青花永好。
人的寿命各自有短长，
离合悲欢要全靠自己搞！

少司命

兰草花、蘼芜芽，生满在堂下，
香气袭人呵，绿的叶子，白的花。
你看，人人都有好配偶，[①]
少司命，你为什么独自苦咨嗟？

兰花真茂盛，
绿的叶子，紫的茎。
满堂都是美男子，
你忽然对我眼传情。

---

① 原文作“夫人自有兮美子”，“夫人”是说任何人。古人男女均称子，例如“之子于归”，便是女子称子之例。这儿的“子”字是指配偶，并非儿女。我揣想，少司命是司恋爱的处女神。

你来时不说话，去时不告辞，

你乘着风云，忽然又飞去。

悲呵悲，最悲是别离。

乐呵乐，最乐是相思。

荷花衫子蕙花带，

你忽然去，忽然又来。

你晚上睡在天宫，

在云端为谁等待？

想和你在天池中洗澡，

想看你把头发晒干。

我盼望你，不见你来；

临风惆怅，唱起歌来呼唤：

“孔雀翎，车上顶。

翡翠毛，旗上旌。

登上九重天，

伸手摩着彗星。

右手挺着长剑，

左手抱着美人。

少司命呵，

只有你才是我的生命！[①]”

东　君

太阳将出从东方，

照耀我的栏杆和扶桑，

我控着马儿将何往？

明明白白天已亮。

驾好龙车辔上雷，

车上的云旗往下垂。

长叹一声要上车，

我心里踌躕复低回。

歌声多么好，人样多么美，

看者开心谁肯归？

---

① 原文是“荪独宜兮为民正”，“荪”是香草，在《楚辞》中惯用以指尊贵的人，在本歌中自当指少司命，“民”是歌者自谓。“正”是“正鹄”之“正”，即目的之意。

弹大琴，击大鼓，

叩钟，摇动钟架柱。

吹大笙，鸣大篪，

舞者妖娆动人思。

长袖翩跹翠鸟飞，

歌声开朗舞成对。

黄钟大吕会宫商，

流云遮着太阳光。

——太阳独自在天上唱：[①]

“青云袍子白霓裳，

手挽长箭射天狼。

我拿着雕弓往西降，

举起北斗舀酒浆，

酒中桂花香。

我抓紧辔头在天上，

① 这一句是译者所加，为了使脉络明了。

迷迷茫茫又跑向东方。”[①]

河　伯

和你一道游九河，[②]
冲起大风破大波。
龙车水上浮，
荷花车盖罩当头。

有角龙，两条青。
无角龙，两条白。
龙车飞上昆仑山，
眺望那东西南北。

精神多飞扬，
志趣多飘荡。

---

① 从这节歌里，可以看出太阳在兜圈子。他清早从东方出来，忙了一天，落下西方。夜里喝了一夜的酒，昏昏蒙眬地又跑向东方来了。有点莫名其妙，正是妙不可言。

② 原文为“与女游兮九河”，“女”是“汝”字，当指洛水的女神。下文有“送美人兮南浦”，我了解为男性的河神向女性的洛神讲恋爱。

太阳下山人怅惘，
不想回故乡。

然想到水中宫，
屋顶鱼鳞壁画龙。
紫贝嵌门柱，
真珠饰房栊。

水里做何游戏？
乘着白色大龟逐文鱼。
同你游泳到河边，
水花乱飞溅。

你向我拱手，
告别向东走。
送你送到南河岸，
水波滔滔来欢迎，[①]
文鱼对对来做伴。

---

① 河神所追求的大概是洛水之神，因为洛水是在黄河之南，下游系往北流。故说“送美人兮南浦，波滔滔兮来迎”。

山　鬼

有个女子在山崖，
薜荔衫子菟丝带。
眼含秋波露微笑，
性情温柔真可爱。①

赤豹拉，文狸推，
木兰车子桂旗飞。
石兰做车盖，
杜衡做飘带。
手折香花送所爱。

“竹林深处不见天，
既不知早晚，
道路又艰难。
恨我来太迟，

① 原文为“子慕予兮善窈窕”，“子慕”是慈慕的意思。“予”字当读为“舒”或是“舒”的坏字。前人把“子”与“予”作为尔我解，不可通。

爱人已不见。

孤独立山巅，
浮云脚下连绵，
白日昏蒙蒙，
东风吹来雨点。

等待着爱人不想回，
年华已迟暮，
谁能使我再美？
巫山采灵芝，[①]
吃了使人不易老，
无奈山石太崎岖，
葛藤满山无鸟道。

怨恨你呵，好哥哥，
你怕依然在想我，
只是没空闲，

---

① 原文作“采三秀兮于山间”，“于山”即巫山。凡《楚辞》“兮”字每具有“于”字作用，如于山非巫山，则“于”字为累赘。

不是把我躲？

我是不想再回家，

回到家去做什么？”

山里的娘子歌声好凄凉，

手里的香花依然吐放幽香。

眼泪涟涟，让它流到嘴边上，①

背后的松树、柏树莽莽苍苍。

为了相思弄得神魂迷惘。

雷声轰轰雨蒙蒙，

猿声凄凄夜空中，

风声飒飒树摇动，

思念情哥心头痛。

国　殇

盾牌手里拿，身披犀牛甲。②

---

① 原文作“饮石泉”，这是吞下眼泪的隐喻。泪从眼中流出，像泉水从石崖中流出。

② 原作“操吴科兮被犀甲”，“吴科”是盾的别名，“科”或作“戈”，当是后人不解“吴科”之义而妄改。

敌我车轮两交错，刀剑相砍杀。
战旗一片遮了天，
敌兵仿佛云连绵。

你箭来，我箭往，
恐后争先，谁也不相让。
阵势冲破乱了行，
车上四马，一死一受伤。

埋了两车轮，不解马头缰，
擂得战鼓咚咚响。
天昏地暗，鬼哭神号，
片甲不留，死在疆场上。

有出无入，有去无还，
战场渺渺路遥远。
身首虽异地，敌忾永不变：
依然拿着弯弓和宝剑。

真有力量又有勇，

刚强绝顶谁能动？

身子虽死，精神永不磨，

永远是鬼中的英雄！

礼 魂

唱着歌，打着鼓，

手拿着花枝齐跳舞。

我把花给你，你把花给我，

心爱的人儿，歌舞两婆娑。

春天有兰花，秋天有菊花，

馨香百代，敬礼无涯。

解 题

《九歌》一共十一篇，全部是祭神的歌辞。自汉以来，这些歌辞相传为屈原所作。前些年辰有过一些学者，采取了不同的看法，认为这是古代的民歌，并不是屈原的作品。有的人甚至否认了屈原的存在。但也并没有充分的根据，结果只是好奇而已。

“九”并不是数目字，或许是“纠”字的意思，取其缠绵婉转。《离骚》“启九辩与九歌”，又“奏九歌而舞韶”，可见《九歌》是古代相传的乐曲。前人说，因旧有歌辞鄙俚，屈原又另作了一遍。虽是出于揣测，大抵近乎事实。但由歌辞的清新、调子的愉快来说，我们可以断定《九歌》是屈原未失意时的作品。

十一篇歌辞有六种写法。第一种是叙述祭祀的排场，如《东皇太一》《礼魂》[①]。第二种是歌者或祭者向女神求爱，如《云中君》《少司命》（**这两位都是女神**）。第三种是男神向女神求爱，如《大司命》（**大司命追求云中君**）、《河伯》（**河神追求洛神**）。第四种是叙述女神的失恋，如《湘君》《湘夫人》《山鬼》。但在这一种中，前二歌是戏剧式的写法，后一歌是小说式的写法。第五种是祭者把神丢在一边，不愿意离开欢乐的祭场，如《东君》。读《东君》就仿佛有《诗经》上的“女曰鸡鸣，士曰昧旦”，又“（**女**）东方明矣，朝既昌矣！（**男**）匪东方则明，月出之光”的那样的味道。第六种是直接礼赞，如《国殇》。

---

① 这两首，闻一多认为是序曲和终曲，其他九首，是原始歌剧，都是表演来祭东皇太一的。说法很新颖。但他对于歌辞唱法的推想，却很难同意。请参看《闻一多全集》。

这是赞颂阵亡将士的歌。只有这一首，没有包含恋爱的成分。

古时候祭祀神祇时正是男和女发展爱情的机会。就在《诗经》里面也有好些诗还保留着这种情形。故在祭神的歌辞中叙述男女相爱，男神与女神相爱，或把男女之间的爱情扩大成为人神之间的关系，都是极其自然而现实的。以前的注解者，不懂这种古代情形，动辄便以为是屈原的寄托，爱扯到君臣之间的关系上来，实际上并不是那么一回事。

诗歌的翻译是很困难的，译古代的诗歌尤其困难。古代的歌辞太简单，宾词每每没有主词。名词、代名词的单复数，动词的时调，也都了无分别。加上脱简、传写、翻刻、虫蛀、鼠咬、后人的任意改窜，经历了两千多年，也不知道有多少词句上和文字上的误夺、增益。过于胆大，强作解人，固然容易犯错误；过于胆小，拘泥成文，那也永远读不通。因此，只要有相当的根据，只要在逻辑上、韵调上合乎情理，我倒赞成不妨稍微胆大一点。译诗是一种创作，读诗也是一种创作。

我自己应该是属于胆大派的一个。这些译文，有好些地方便是我的大胆的解释。原作是歌，译文也希望它是歌。这就不免更受了一层约束。凡和前人的解释有不同的地方，我大抵注出了，请读者参考。

我希望这些译文和注释能够帮助读者对于原作的了解。离开原文单读这些译文，我觉得也还顺口。我是用了工夫这样做的。无论怎样，总不及原文的简洁、铿锵。所以，最好还是直读原文，通过自己的一番创作过程。

1953年2月23日于北京

招　魂[①]

我自幼便清高，不爱钱财，
不该做的不做，毫未懈怠。
我侍奉着这位有盛德的人，
他为世俗牵累而终至毁坏。
这位有盛德的人正在忧愁，
长久受着灾难，空前未有。

上帝可怜他，便招呼巫阳，
说："有人在下方，我想帮忙。
他的魂魄离散，你快替他占占卦。"

---

① 这一篇，王逸以为宋玉所作以招屈原之魂，但根据《史记·屈原列传》，则作于屈原。细读原文，以后说为是。盖屈原作此以招楚怀王之魂。前人或以为屈原自招亦不可信。屈原生活断无文中所叙述的那样奢华。

巫阳说：“上帝，我不好听你的话。
占卦是掌梦的事，如果定要占卦，
怕后来要用时，不好再用它。”

巫阳于是便来到下界，
他一声声地喊着灵魂归来。

“灵魂归来呀，
你为何离开了家乡，
跑向四方？
你为何抛弃了乐土，
去遭受不祥？

“灵魂归来呀！
东方不可以安身！
那儿有七百丈高的长人，
专门吃人的魂。
有十个日头轮流出土，
把黄铜烧化，把石头烧酥。
长人习惯了，你去一定分崩！

归来呀，东方不可以安身！

“灵魂归来呀！
南方不可以久留！
南方有黑牙齿的人，刻画着额头，
把人肉来祭祖宗，
把人骨来熬酥油。
还有蟒蛇遍地，千里大狐臭，
九头蛇一下子来，一下子又走，
为了开心，都喜欢吃人肉。
归来呀，南方不可以久留！

“灵魂归来呀！
西方很坏，有一片沙漠！
你一漩进了雷神的深渊，
就化为肉酱，一塌胡涂。
红色的蚂蚁，象一样大，
黑色的大蜂，就像葫芦。
五谷不生，只好吃茅草；
砂土干燥，水分全无。

归来呀，西方去是自寻痛苦！

“灵魂归来呀！
北方你不要老去跑！
那儿是一片的冰山和冰窖，
雪团乱飞，千里赤条条。
渺渺茫茫的没有边际，
飘飘荡荡的找不到倚靠。[①]
归来呀，北方不要老去跑！

“灵魂归来呀！
你不要跑上天堂！
虎豹们守着九重的天门，
专门吃人的心肝五脏。
豺狼们竖起眼睛，
凶煞煞地跑来跑往。
有人一个身子九个头，

① “渺茫”“飘荡”二句，原在“西方蚂蚁”“大蜂”二句之后，不大切合。而且关于北方的情况说得太少，故移于此。依韵而言，亦相契合。

一天要拔九千根木头。[①]
把人倒提起来打秋千，
然后才往深渊里投。
他去报告了上帝，
你才能闭上眼睛。
归来呀，你不要去送命！

“灵魂归来呀！
你不要跑进地狱！
地神九位，手拿着绳索，
头像老虎身像牛，
三只眼睛两只角。
背肉隆起，手爪血淋淋，
把人当点心，赶着把人捉。
归来呀！不要去受辱！

“灵魂归来呀！
你快走进这座大城门，你快！

---

① “九头人”二句原在“豺狼”二句之上，殆是脱简错乱。

良巫来请你，让他领路先回来。
秦国来的熏笼，齐国来的绸，
郑国来的花盖头，
招待的工具应有尽有，
大家都在呼喊你，
灵魂归来呀，
你快回到故乡别停留！

“天地四方害人的东西实在多，
只有你的房子是个安乐窝。
又高，又大，又深，又幽静，
楼上的栏杆有好几层。
台上又有台，馆上又有馆，
建筑在重重叠叠的高山。
小溪和大涧，处处水湾环，
流水的声音使得耳朵喜欢。
门上挂珠帘，门楣雕花样，
冬天有暖炕，夏天好风凉。
秋风摇着蕙花香，
兰花的香气在春天荡漾。

“登上高堂，走进洞房，
朱红的席子，朱红的床。
云母的房壁如镜样，
玉器挂在玉钩上。
被上有真珠连翡翠，
一般璀璨放辉光。
壁上挂着花毡毯，
床上挂着绮罗帐。
玉环、玉扇结成一连串，
彩色的飘带多辉煌。

“房里的珍奇玩好说不完，
香油的灯烛又亮，又美观。
十六位佳人晚上来陪伴，
随你选择，随你心喜欢。
各国的公主多来做你丫嬛，
各种不同的梳妆住满宫院。
轮班替代都是些美妙天仙，
脸儿嫩，身儿健，心儿甜，
模样儿美好，情意儿缠绵。

蛾子的眉毛会说话，
眼睛的光彩，秋水远连天。
气色迷人，时而喜欢偷看，
在洞房的帷幕里，等待你的空闲。

“翡翠的罗帷挂在高堂上，
朱砂的板壁，黑玉的梁。
雕檐画栋走龙蛇，
抬头一看，金碧辉煌。
堂前有栏杆，堂下有池塘，
池中有菱又有荷，荷花正开放。
水葵的紫茎随着水波低昂，
文豹皮敷设在池塘边上。
下车逍遥，罗衣随风飘扬，[①]
坐在兰花丛中，玉树为屏障。
灵魂归来呀，为什么跑向远方？

① 原作“轩辌既低，步骑罗些”，“低”与“邸”通。《九章·涉江》“邸余车兮芳林”，王逸注云“邸，舍（捨）也。邸一作低”。“骑”字殆是“绮”字之误。

“家族相追随，饮食真讲究：
大米、小米、新麦、黄粱般般有，
酸甜苦辣样样都可口。
肥牛筋的清炖喷喷香，
是吴国的司厨做的酸辣汤。
红烧甲鱼、叉烧羊羔拌甜酱，
煮天鹅、烩水鸭，加点酸浆，
卤鸡、焖鳖，味大可清爽，
油炙的面包、米饼渍蜂糖。
冰冻甜酒，满杯进口真清凉，
为了解酒还有酸梅汤。
回到老家来呀，不要在外放荡！

“酒肴还未完，乐队已登场，
敲编钟，按腰鼓，都是女娘行。
一面奏乐，一面在歌唱，
唱着‘涉江采菱’，大伙齐帮腔。
美人醉了，面孔红得花一样，
斜送秋波，两眼水汪汪。
绫罗的衣裳美好而大方，

两鬓垂爪，发辫长又长。
八人成队队成双，样子都相像，
长袖如竿舞郑舞，宛转相交抑且扬。
大笙、大瑟和大鼓都像发了狂，
宫殿震动，声调慨而慷。
唱吴歌，唱蔡曲，歌奏大吕调，
男女杂坐，相依在怀抱。
脱了帽子解下裙，满堂乱纷纷；
郑卫的妖娆美女来参阵，
头上天宫髻，天下难比并。

“象牙棋子，玉箭筹，
六博五白掷琼头。①
博者对局坐两头，
不分胜负不罢手。
彩在口中喊，琼在手中投，
枭棋得胜有报酬。

---

① 六博，古代弈棋之一种。二人对局，用六箸十二子以决胜负。掷彩以琼为之。琼刻四面，其头尖。刻一画者为“塞”，二画者为“白”，三画者为“黑”，一面不刻。注法失传，不甚了了。

荒费白日，赢得晋带钩。

敲钟，敲得钟柱动，

鼓瑟，鼓得指头痛，

喝酒，喝得酒坛空，

日以继夜昏蒙蒙。

香油灯烛明，烛台金错工，

精思巧结构，兰气漾微风。

人到乐极心相同，

缔结同心，相知对饮酒千盅。

灵魂归来呀！回到你的故宫！”

（尾声）①

新年又是一年春，

我急于向南行。

路过庐江在长薄西，

进入沼泽地，

---

① 原文为“亂曰”，“亂”即是“辭”之古字，古金文，多用为司，以治为义。凡古书中“亂”字含相反之治义者均是本字本义。其相反之字当作“𤔔”，后世失传，又误以“亂”字为之，而“亂”之本义遂致完全颠倒。文末系以“辭曰”以作尾声，与《抽思》之“少歌曰”“唱曰”义例相同，亦正《楚辭》之名之所由得。此义二千余年后始得揭发，亦一快事。

遥望人烟稀。
白芷刚抽芽，
王蒭白蘋叶正齐。

发出猎车一千乘，
四马纯黑或纯青，
放火烧林草，
把黑夜照得通明。
下车徒步，载止载驱驰，
诱出野兽，更穷追。
追罢上车向右转，
要和君王向云梦赶，
看我们的本领谁占先。
君王亲自射，
会把髦牛都射完。[①]
太阳一出夜已旦，
光阴如箭不肯慢。

---

① 原文作“惮青兕”，“惮”当是“殚”字之误。因正好勇争先，穷欢极乐，不至突然说到恐怖。

进入沼地路途平，

春兰遍地江水深，

江上偶见枫树林。

一望无涯千万里，

春日迟迟荡人心。[①]

灵魂归来呀，

江南爱煞人！[②]

---

① 通行本作“伤春心”，王逸注引“或曰荡春心”，今据或说。

② 原文作“哀江南”，“哀”与“爱”通，亦非悲哀之意。

天　问

一

请问：关于远古的开头，谁个能够传授？
那时天地未分，能根据什么来考究？
那时是浑浑沌沌，谁个能够弄清？
有什么在回旋浮动，如何可以分明？

二

无底的黑暗生出光明，这样为的何故？
阴阳二气，渗合而生，它们的来历又在何处？
穹窿的天盖共有九层，是谁动手经营？
这样一个工程何等伟大，谁个是最初的工人？

三

这天盖的伞把子，到底插在什么地方？

绳子，究竟拴在何处，来扯着这个篷帐？

八方有八根擎天柱，指的毕竟是什么山？

东南方是海水所在，擎天柱岂不会完蛋？

四

九重天盖的边缘，是放在什么东西上面？

既有很多弯曲，谁个把它的度数晓得周全？

到底根据什么尺子，把天体分成了十二等份？

太阳和月亮何以不坠？星宿何以嵌得很稳？

五

太阳是从汤谷出来，晚间落到蒙水边上，

它到底走了多少里程，从清早直到昏黄？

月亮有什么本领，为何死了又能够再生？

它的肚腹里有个蟾蜍①，那对它有何好处？

---

① 原作“顾菟”，旧注咸作“顾望玉兔”解，非是。“顾菟”即蟾蜍、居蠩。闻一多说。参看闻著《天问释天》。

六

女岐没有丈夫，为什么又生了九个儿子？

伯强究竟住在何处，惠气究竟住在哪里？

何以太阳落土天要黑，太阳出土天要亮？

星星还在天上的时候，太阳又在哪儿躲藏？

七

雨师蓱号何以能够兴云雨，他的身子只像个蚕子？

风伯飞廉何以能够起风暴，他的身体只像只鹿子？

何以要使巨鳌在海底匍匐，鼎着五山使它们安稳？

何以又让龙伯把巨鳌钓去，使得五山在海上飘零？①

八

九州究竟安放在什么上面？河床何以洼陷？

江河老是向下流，何以总不能够把大海流满？

地面，从东至西究竟有多少宽？从南至北多少长？

南北要比东西短些，短的程度究竟是怎样？

---

① 雨师、风伯、巨鳌等四项，原文在“大鸟何鸣？夫焉丧厥体？”之后，今移于此，介在于天文与地理之间。

九

昆仑山是天下最高峰，悬圃如何悬在天空？

高度到底多少里，最上层的增城还有九重？

四面八方有九道天门，到底谁在出，谁在进？

西北方的天门开放着，天上人为何特别喜欢冷？

十

太阳有何处照不到，还需要烛龙衔火照耀北方？

太阳的车夫还没有开车，若木花何以便能放光？

究竟有什么地方冬天温暖，什么地方夏天也冷？

哪里有野兽能够说人话？哪里有石柱子成了林？

十一

雄的九头蛇忽然来，忽然去，何处是它的窝？

什么地方有不死之国？长人在守卫着什么？

何处蔓生着蘋草，花瓣九出颜色如像枲花？

大蛇能把大象囫囵吞下，它究竟有多少大？

十二

染人的黑水，青鸟居住的三危，今在何地？

黑水边有木禾，吃了人长寿，要长到何时？

鲮鱼人面鱼身，鬿雀鸡形虎爪，谁可见到？

后羿在哪儿射了太阳？何处落下了金乌羽毛？

十三

伏羲立而为帝王，是谁做他的先导而推戴？

女娲人面蛇身，一日七十变，又是谁所安排？

虞舜舞于羽于两阶，何以便能使有苗来归？

有苗们都胸广体胖，是吃了什么东西养肥？[①]

十四

说伯鲧不会治水，大众又何以都在推荐他？

都说用不着耽心，为什么不让他试验一下？

大龟和枭鸟在破坏工程，伯鲧安能听任？

① 原文为“登立为帝，孰道尚之？女娲有体，孰制匠之？”及“干协时舞，何以怀之？平胁曼肤，何以肥之？”均错乱在后，因句法相类，并同属传说，故以移此，在天地之次。“平胁曼肤”云云，以文理推之，当指有苗。

筑堤防也是想成大功，何故便处以极刑？①

十五

道路阻绝，被流东裔，鲧何以又越过了岑岩？
巫师何能使他复活，死后又化为黄熊作怪？
要大家播种黑小米，把萑苻杂草都铲锄开，
何以却要把他流窜，把鲧恨得来这样厉害？②

十六

长久被囚在羽山，为什么三年都不审判？
夏禹是鲧的儿子，为什么待遇又是两般？
夏禹承继着鲧的事业而收到很大的成功，
父子同治洪水，所用的方法又有什么不同？

十七

洪水深得没有底，夏禹拿什么土壤去填好？

---

① 此四行，原文为“不任汩鸿”云云四韵，原错出在前，直承天文部分，今移于此。“鸱龟曳衔”疑是伯鲧筑堤时，禽鱼的破坏作用。

② 此四行，原文为“阻穷西征”云云四韵，原错出在后，插在后羿与嫦娥的故事之间，今移于此。“萑苻”句，原作“莆藋是营”，“营”字当读为“耘”。屈原对于伯鲧，颇表同情，与北方儒者的见解有异。

地上有着九州，夏禹又拿什么土壤来加高？

应龙教夏禹疏通九河，它是怎样用尾巴画地？

哪里有无角的虬龙，在背上背着黄熊游戏？①

十八

鲧到底成就了些什么？禹又成就了些什么？

共工怒触不周山，大地为什么倾陷了东南？②

夏禹尽力治水，是天叫他来观看下方的情景，

怎么又找到涂山氏的女子，在台桑和她通淫？

十九

相怜相爱而成配偶，是为生儿育女以延后嗣，

为什么彼此的嗜好不同，而只图一时的安逸？③

夏启代替伯益做了国王，而终于杀死了伯益，

从在失意的情况中，启为什么又能够转入得意？

---

① 此句原作“焉有虬龙，负熊以游”，原错出在前，句独单，无与协韵者。今以故事相类，移于此。“河海应龙，何尽何历”句亦单独无协，疑“何历”本作“何由”，与“游”字为韵。

② 此处原割裂，同一鲧禹故事，而为有关地理部分所间断。

③ 原作“胡维嗜不同味，而快朝饱”，“饱”字与上“继”字失韵，当是“饥”字之误。“朝饥”是男女情事的隐语。“快朝饥”即图一时的满足。

二十

未行征诛，同受禅让，为何伯益失败，夏禹繁昌？

夏启祭天，演出《九辩》《九歌》，[①]何以母亲化石而致分剖？

上帝把后羿遣下凡尘，为的是革除夏民的忧困，

他为什么射瞎河伯，又把洛神作为自己的妃嫔？

二十一

后羿有宝弓珧弧，天赐玉玦，射死为害的大猪，

为什么用猪肉来献祭，上帝又怪他好吃懒做？

寒浞和后羿的妃子纯狐，两人通奸，一道阴谋，

为什么射死了后羿，还把来煮了，吃他的肉？[②]

二十二

嫦娥披着白色的霓裳，有着美妙的梳妆，

---

① 原作“启棘宾商，九辩九歌”，“商”乃“帝”之误。《大荒西经》：“启上三嫔于天，得九辩、九歌以下。”

② 原文为“何羿之射革，而交吞揆之”，王逸注云“一无革字”，以无“革”字为是。《左传》“羿将归自田，家众杀而烹之，以食其子”，即此事。

为何她也是后羿之妻，与妖妇——纯狐相当？[①]
是从什么地方得来不死药，她偷进了月亮，
变成了月里的蟾蜍，不能够把自己隐藏？

二十三

自然的法式，阴阳的消长，那是无可抵抗；
阳气一脱离了躯体，任何生物都只好下场。
哪里有钟山之神，死后化为大鸟而大张喉嗓？[②]
假使神的本领能够那样，为什么神又要死亡？

二十四

寒浞的儿子浇，何所求于嫂子，来到她的房门口？
少康又何以放狗去咬倒了浇，砍下了他的头首？
浇的嫂子女岐替浇缝衣而一同在房里睡觉，
何以女岐的头首也被少康的女间谍去砍掉？

---

① 原作“白蜺婴茀，胡为此堂”，丁晏解为嫦娥，今从之。但“堂”字应是“当”字之误，“此”指纯狐。

② 《西山经》：“钟山，其子曰鼓，……是与钦䲹杀葆江于昆仑之阳，帝乃戮之钟山之东，曰䍶崖。钦䲹化为大鹗，……其音如晨鹄。……鼓亦化为鵕鸟，……其音如鹄。”蒋骥、丁晏均以此为解，今从之。

二十五

寒浞打算篡位，何以对后羿的左右反而放宽？①

寒浇与斟寻大战，取什么道路去打翻了敌船？

夏桀王征伐蒙山，得到两位女子，有什么稀奇？

妹喜为什么要去出卖，成汤为什么要干夏桀？②

二十六

夏桀用鸿鹄的羹，玉铉的鼎，来飨祀上皇，

他承受着夏代的基业，为什么终于灭亡？

上帝走到人间观察下情，碰到那位小臣伊尹，

把夏室灭了，把夏桀赶了，老百姓为什么高兴？

二十七

简狄深居在九重的瑶台，帝喾为什么要去引诱？

---

① 此句原作“汤谋易旅，何以厚之”，“汤”字当是“浞”字之误。《路史》：“浞，寒君，伯明氏之谗子弟也。羿篡夏自立，任以为相。浞烝取羿室纯狐，内媚外赂。娱羿于畋，因与家众共杀羿。”“内媚外赂”，即此所谓“厚之”。（此注引文为《山带阁注楚辞》转引《路史》。——编者注）

② 《竹书》：“帝癸十四年，伐岷山，得二女，曰琬、曰琰。爱之，而弃其元妃妹喜于洛。以与伊尹交，遂亡夏。”说与此合。

打发玄鸟送了一对蛋去，简狄为什么吞进了口？

舜的妻分明住在家里，为什么说他是个鳏夫？[①]

帝尧不先告他的父母，为什么便下嫁了两女？

二十八

虞舜顺从他的兄弟，但是象终于傲慢不驯，

何以那样猪狗一般的坏人，反而保全着性命？

这坏兄弟想奸淫他的嫂子，要谋害他的兄长，

何以那样变化多端的怪物，后嗣反而会繁昌？[②]

二十九

王亥承受着季的基业，[③]学习着他父亲的善良，

为什么终于死在有易，还失掉了仆夫与牛羊？

王亥奸淫了有易氏的妻，用人们从何处见证？

---

① 原作“舜闵在家，父何以鳏”，闻一多谓“闵”乃“妻”之误，“父”乃“夫”之误，今从之。舜原有妻，《海内北经》：“舜妻登比氏”，其证。此二韵原错出在桀与妹喜故事之下，今移于此。据“卜辞”，殷人祖先有“高祖夒”，与帝俊、帝舜实为一人。

② 此四行，关于舜与象的故事，原文均前后错乱，今依类聚汇之。

③ 原作“该秉季德”，“该”即王亥。又下“恒秉季德”，“恒”即王亘。王亥、王亘、季之名均见于“卜辞”。此为王国维所揭发，详见王著《卜辞中所见殷先公先王考》。

在床上先把王亥砍了，这又是出于谁的命令？

三十

王恒也承受着季的基业，于是乎得到了牧牛，

为什么还到有易去请求恩情，不想替兄报仇？

上甲微又承继了王亥，有易氏依然不讲和好，

但何以灭了有易氏，却又任意屠戮，施行兽道？

三十一

成汤往东方去巡游，一直走到有莘氏的国境，

目的是找那位小臣，为什么却得到一位夫人？

那位小臣伊尹是产生从伊水上的一株空桑，

有莘氏为何不喜欢，要把他作为奴隶陪嫁姑娘？

三十二

汤被夏桀囚在重泉，到底是因为什么罪过？

汤本没有心肠讨伐夏桀，到底是谁挑动了他？

伊尹开始是成汤的臣下，后来被献给夏桀，

又何以终于事汤，并得到宗室一般的待遇？①

三十三

殷纣王的性情，是受了谁的迷惑，而变成胡涂？

他为什么要听信谗言，讨厌重臣们对他的帮助？

他的奢侈开始萌芽时，为何便有人能料到后果？

终于筑就了十层的玉石高台，完工的又是谁个？②

三十四

比干违犯了什么法纪，要剖他的心使他沉沦？

雷开有什么守法处，而要封他的官爵，赏以黄金？

何以明哲的人，德行本相同，而作风却是两样？

梅伯直谏遭了菹醢，箕子则披发而假装疯狂？

---

① 此二句关于汤与伊尹的故事，原文错出在后，今移于此。“卜辞”对于伊尹的祀典，与先公先王同，即此所谓“尊食宗绪”。

② 此二句原作“厥萌在初”云云，错出在前，今移此。《韩非子》：“纣为象箸，而箕子怖。以为象箸不盛羹于土簋，则必将犀玉之杯。玉杯象箸必不盛菽藿，则必旄象豹胎。旄象豹胎必不衣短褐而舍茅茨之下，则必锦衣九重，高台广室也。”又《帝王世纪》：“纣造倾宫，作琼室，饰以美玉，七年乃成，其大十里，其高千丈。”

三十五

甲子之朝，八百诸侯何以不约而会师于孟津？
飞鸿满野，又是谁把这些苍鹅赶来上了阵？
把纣杀了，周公旦不赞成姜太公的大肆屠杀，
亲自访问遗老，何以在咨嗟之间便安定天下？

三十六

上帝既把天下给了殷人，是根据什么来施赏？
前途倒戈而终至溃灭，罪恶又是在什么地方？
是谁动员，使八百诸侯争先恐后地举起武器？
并驾齐驱，两翼夹击，又是谁个在担任着指挥？

三十七

后稷是第一个儿子，上帝为什么要让人害他？
丢他在冰地上，群鸟又为什么用翅膀去盖他？
为什么他又做司马，能弯弓射箭，善于打仗？
上帝既被他惊骇得透心，为什么又使他繁昌？

三十八

文王这位酋长，他披着簑衣，[1]拿着鞭子看牛羊，

为什么又让他扩大了势力，公然代替了殷商？

凭着什么，老百姓都扶老携幼跑到岐山之阳？

殷纣王要宠爱他的妃子妲已，何以遭人反抗？

三十九

殷纣王烹了伯邑考，把肉汤送给文王，

文王接受到儿子的肉汤，便向上帝告状，

为什么这样的处分要亲自向上帝请求，

使殷朝失掉了天下，终至于无法挽救？

四十

姜太公在朝歌做屠户，文王何以知道而欢喜？

武王载着父尸去讨伐殷纣，他何以要那样着急？

① 原作“伯昌号衰”，“衰”即“簑”之古字，“号”当读为“荷”。

纣王和他的妃嫔为何要吊死？以衣蒙面，怕见天帝？[①]

上帝为什么要把天下给人？给了又要让别人拿去？

四十一

昭王很高兴巡游，一直走到了南国的境地，

到底有什么好处，他要去接受白色的野鸡？

穆王是更加轻佻，他为什么要想周游天下？

跑了十九万里想找什么，驾着那八匹骏马？

四十二

怪人夫妇在市上叫卖什么，捡到了可怜的幼女？

周幽王究竟是被谁杀掉的？怎么能够怪得褒姒？

天老爷的脾气反复无常，有什么一定的赏罚？

齐桓公九合诸侯，一匡天下，终于被人残杀！

---

① 原作“伯林雉经”云云，旧注均以晋太子申生事为解，殊不适。《史记·周本纪》：“纣走，反入登于鹿台之上，蒙衣其珠玉，自燔于火而死。……嬖妾二女皆经自杀。”细读此文，纣王系自焚其珠玉，蒙衣而死。后人误读，故有“纣赴火死”之说。纣之死，当亦如二女之自经，故“武王亲咋（铡）纣头，手污于血”（见《尸子》）。如系焚死，便无从再见血。鹿台所在必为林园，疑“伯林”本作“柏林”，园中多松柏也。

四十三

彭祖八百岁，上帝何以又喜欢他的野鸡汤？

活了那么长的寿命，为什么彭祖还要惆怅？[①]

四海之中，万国共处，上帝何以要使他们相怒？

蜜蜂和蚂蚁尽管微渺，而力量何以又那么顽强？

四十四

夷齐采薇，遭到女子讥刺，为何又来白鹿哺乳？[②]

聚首在首阳山下的回水，究竟是有什么兴趣？

公子鍼为什么想要他哥哥——秦景公的猛犬？

要用一百辆的车子去交换，而却遭了摧残。

---

① 原作“受寿永多，夫何久长”，闻一多谓“久”字衍文，“长”读为怅，今从之。王逸注“彭祖至八百岁，犹自悔不寿”。

② 原作“惊女采薇，鹿何祐”，蒋骥、丁晏均解为夷齐事。谯周《古史考》：“伯夷、叔齐隐于首阳山，采薇而食之。有妇人谓之曰：子义不食周粟，此亦周之草木也。于是饿死。”又《列士传》：“伯夷、叔齐阨于首阳山，不食周粟，采薇为食，采葛而衣。时王摩子入山难之曰：君隐周山，食周薇，奈何？二人遂不食薇。经七日，天遣白鹿乳之。夷、齐思念此鹿肉，食之必美。鹿知其意，不复来。二子遂饿而死。”

四十五

太伯仲雍逃到东吴，一直到了南岳的脚根，
谁想到离开这是非之地，得到了两位好人？[①]
寿梦的孙子阖闾，小时候便遭受了流窜，
何以壮年以后，能流传他的英勇，武功辉煌？

四十六

藏在岩穴时做了些什么，阖闾终于战胜了我们？[②]
邧公之女异常淫荡，何以又生出了令尹子文？
杜敖为什么被弟弟杀了，竟那么地可怜无告？
熊恽杀杜敖而自立，何以忠直之名愈高？[③]

① 原作“吴获迄古”云云，指太伯、虞仲窜吴事。“迄”殆“逃”字之误，“古”即古公。此二句原错出在上，今移此，使与吴事相连贯。

② 原作“伏匿穴处，爰何云”，云，为也。盖指阖闾少时被窜逐，曾伏处岩穴。原错简，今移与“吴光（阖闾）争国，久余是胜”相联。事成连贯，而韵亦相协。

③ 令尹子文、杜敖等原错出在文末，今略移于前。“吾告堵敖，以不长”，“吾告”殆是“無告”之误，“以不长”上当脱一“何”字。

四十七

天已昏黄，雷电交加，我回去有什么可怕？

自己的尊严不肯重视，求上帝又有什么办法？

为什么好大喜功，要先出兵去攻打邻邦？[①]

如肯悔过自新，痛改前非，我还有什么好讲？

解　题

《天问》是很难理解的。所问到的古代的神话传说，很多已经失传，因此有好些问题得不到完备的解答。脱简窜乱的情形，在这篇诗中，更特别严重。古人的书籍是竹简编成，一简写不上多少字。串简的绳索一断，简篇便容易窜乱。因此，这篇诗的次序很零乱，必须加以整理。前清的屈复曾做过这一工作，但很多人反对他。整理的成绩如何，是值得讨论与批评的。

---

① 通行本作“荆勋作师，夫何长”，王逸注云“一云夫何长先”，案当作“夫何先”，“先”字与次句“言”字为韵。“先”“长”，古文形近，盖一本误“先”为“长”，而另一本则两字并存之。“荆勋”当是好大喜功之意，古时“荆”与“庆”通，故荆卿或作庆卿。先兴师动众，盖即指楚怀王十七年发兵西击秦，第一次败于丹阳，第二次败于蓝田，丧兵折将时事。据此可知《天问》之作，当在怀襄之际。

但如根本反对整理，那是保守的见解。在封建的旧时代，为了增加经典的尊严，把经典神圣化，不准随便改动一字，甚至不准随便增减一笔。前人崇拜屈原之余，也曾把屈原的作品作为经典，故一般倾向于反对《天问》的整理。这毫无疑问，是封建思想的孑遗。我是赞成整理的，进行这篇的翻译工作之前，我也大胆地整理了一遍。当然，整理工作也有很大的困难。本篇脱简现象的严重，自汉以来，就是这样，得不出第二种本子以供参证。整理复原也就没有绝对的依据。因此，各人的意见可能会有很大的出入。我现在只是提出根据我的意见所整理的结果。我的意见，即使有问题，但原文具在，不会因为我的整理而遭受损坏。

这是一篇很重要的作品。虽然都是以问题的形式提出，但我们只要把那些问辞去掉，就可得到古代神话传说的一些梗概。据此，更可以考定传世神话传说的时代性与真伪。凡在《天问》中有其梗概的，我们便可以安心相信是先秦的真实资料，而非秦汉以后人所杜撰。这对于中国的古代，也就提出了很丰富的史料。最值得注意的，是在这些梗概中，有的已由地底发掘出的新史料而得到证明。例如王亥与王亘的传说，帝舜与帝俊的传说，便在“卜辞”中找到了它们的真实的依据。

翻译是非常困难的，很不容易讨好。原作的奇妙是中国文学作品中所绝无仅有的。一口气提出一百七十多个问题，从天地开辟以前问到天体的构造、地上的布置，从神话传说时代问到有史时代，从身外的一切问到作者自己，而问得那样参差历落，圆转活脱，一点也不呆滞，一点也不重复，这真表示了屈原的大本领。但尽管困难，却有翻译的必要。因为通过这篇，可以看出屈原思想的博大和它的性质。屈原，毫无疑问，是一位唯物的理智主义者、现实的人道主义者。他的宇宙观和人生观，代表着他所处的时代的进步一面。原文很不容易懂，因此也就愈需要翻译。为了不易接近原文的读者便利，我也就不能过多地考虑到专家的责难，大胆地翻译了。

这篇相传是屈原被放逐之后，看到神庙的壁画，而题在壁上的。[①]这完全是揣测之辞。任何伟大的神庙，我不相信会有这么多的壁画，而且画出了天地开辟以前的无形无像。据我的了解，应该是屈原把自己对于自然和历史的批判，采取了问难的方式提出。他是受着强烈的创造欲所驱遣，存心作出一首奇特的诗。关于这些事象的知识，他可能另有散文的著作，可惜

---

① 此说见王逸《楚辞章句》的《天问序》："屈原放逐，忧心愁悴，彷徨山泽，经历陵陆，嗟号昊旻，仰天叹息，见楚有先王之庙及公卿祠堂，图画天地山川神灵，琦玮僪佹及古圣贤怪物行事。周流罢倦，休息其下，仰见图画，因书其壁，呵而问之，以渫愤懑，舒泻愁思。"——《郭沫若全集》注

已经失传了。

战国时代，在中国的文化史上是一个划时代的灿烂的时代。屈原以他的地位和才质，吸收了各家学派的精华，而在文学的园地上开放了一簇像千叶牡丹那样芬芳玮丽的大红花。

1953年3月6日

离　骚

我本是古帝高阳氏的后裔，
号叫伯庸的是我已故的父亲。
太岁在寅的那一年的正月，
庚寅的那一天便是我的生辰。

先父看见了我有这样的生日，
他便替我取下了相应的美名。
替我取下的大名是叫着正则，
替我取下的别号是叫着灵均。

我的内部既有了这样的美质，
我的外部又加以美好的装扮。[①]

---

① 此句原文“又重之以修能”，“能”字是“态（態）”字的省略，“内美”与“修态”为对，有内又有外，故言“重”。

我把蘼芜和白芷都折取了来，
和秋兰纽结着做成了个花环。

我匆忙地就像是在赶路一般，
怕的是如箭的光阴弃我飞掉。
我在春天去攀折山上的木兰，
我在冬天去收揽水边的青藻。①

金乌和玉兔匆匆地不肯停留，
春天和秋天轮流着在相替代。
想到草和木都时刻地在雕零，
怕的是理想的佳人也要早衰。

你应该趁着年少以自图修洁，②
为甚总不改变你那样的路数？
我驾着骏马正要打算去奔驰，

---

① 这两句在原文是“朝搴阰之木兰兮，夕揽洲之宿莽”，木兰在春天开花，宿莽是冬天的青草，故知诗人系以朝夕喻岁时。又下文“朝饮木兰之坠露兮，夕餐秋菊之落英”亦同此例。“阰”同“陴”，旧以为山名，非是。

② 此句今行王逸本为“不抚壮而弃秽”，注云“《文选》无不字”。今从《文选》本。

你来吧，我要为你在前面引路。

古时候曾有过纯而粹的三王，
在那时固然是群芳之所聚会。
木本的申椒、菌桂也多所戴插，
不仅把香茝和蕙草纫成环佩。

想唐尧和虞舜真是伟大光明，
他们已经是得着了正当轨道。
而夏桀和殷纣怎那样的胡涂，
总爱贪走着捷径而屡自跌跤。

有一批胡涂的人们会苟且偷安，
他们的道路诚暧昧而又加狭隘。
我并不怕自己的身子会要遭殃，
我怕的是君王的乘舆要被毁坏。

我匆匆地在前在后效力奔走，
我想要追赶上先王们的步武。
你既不肯鉴察我胸中的愚诚，

更反而听信谗言给我以恼怒。

我诚然知道梗直是不能讨好，
但我却忍耐着痛苦不肯抛弃。
我要请九重的上天做我证人，
我悃忱地忠于君王并无他意。

在当初呵，你既已经和我约定，[①]
你奈何翻悔了，又改变了心肠。
我和你的分离也不怎么难堪，
只叹息你的为人呵，太没主张。

我已经种下了九顷地的春兰，
我又曾栽就了百亩园的秋蕙。

---

① 此句之前今行本有“曰黄昏以为期兮，羌中道而改路”二句，洪兴祖补注云：“一本有此二句，王逸无注，至下文‘羌内恕己以量人’始释羌义，疑此二句后人所增耳。《九章》曰：‘昔君与我成言兮，曰黄昏以为期。羌中道而回畔兮，反既有此他志。’（《抽思》）与此语同。”今案洪说极是，当是王逸以后人注《抽思》二语于侧，传写误为正文，因求文体一致与合韵之故，故加一“兮”字，而改“回畔”为“改路”耳。“路”字与原文上二韵“舍”“故”相协。二句本无，故不译。

我曾把留夷和揭车种了一田，
更夹杂了些杜衡和芳芷之类。

希望着它们的枝叶茂盛起来，
等到了花时我便要加以收割。
我自己就萎谢了也不算什么，
可悲的是一群芳草要遭践踏。

大家都竞争着在以酒食为征逐，
贪财好利的心事全然不知满足。
大家都宽恕着自己而猜忌别人，
大家都在斗着心机而互相嫉妒。

大家也都在狂奔着争权夺利，
那些都不是我心中之所贪图。
我怕的是老境在渐渐地到来，
我的声名或许会不能够建树。

我在春天饮用着木兰花上的清露，
我在秋天餐食着菊花瓣上的红霜。

只要我的精神是美满而又加顽健，
我就长久地面黄肌瘦呵，又有何妨？

我掘取了细根来把白芷拴上，
又穿上了薜荔花落下的花朵，
我把菌桂削直后再贯以蕙英，
纽成了潇洒的花索馥郁婆娑。

我本虔敬地在效法古代的贤人，
我的环佩本不为世俗之所喜欢；
和今世的人们虽不能道合志同，
而我所愿效法的是殷代的彭咸。

我哀怜着人民的生涯多么艰苦，
我长太息地禁不住要洒雪眼泪。
我虽然是爱好修洁而自制花环，
在清早做成，晚上便已被人折毁。[①]

---

① 此句原文为“謇朝谇而夕替”，“谇”字颇费解，旧解亦难信从。今作为“卒”字解，言卒业也。

不怕他就毁坏了我秋蕙的花环，
我又要继续着用白芷花来替代。
说到头是我自己的情愿而心甘，
纵使是死上九回我也不肯悔改。

我怨恨你王长者呵，真是荒唐，
你始终是不肯洞鉴我的心肠。
你周围的侍女嫉妒我的丰姿，
造出谣言来说我是本来淫荡。

固然是胡涂的人们善于取巧，
不守一定的规矩而任意胡闹。
抛却了一定的准绳只图迁就，
竞争着在依阿取悦以为常套。

我忧郁，我不安，我感受着孤独，
我孤独地遭受着今世的困穷。
我就使奄然死去而魂离魄散，
也决不肯同乎流俗，屈节卑躬。

鹰和隼不能够和凡鸟同群，
原本是自古以来就是这样。
哪有方和圆能够互相通融？
哪有曲和直能够一概相量？

我委曲着情怀，抑制着意气，
我忍受着谴责，排遣着羞耻，
伏清白之志而死忠贞之节，
本是前代的圣人之所称许。

我失悔我的路向是根本走错，
我停顿着又打算要路折回头，
把我的车马掉过来走向归路，
要趁着这迷途未远赶快罢休。

把马辔解了，让它在兰皋逍遥，
让它在椒丘上驰驱，暂时休息，
我不想再上前去以遭受祸殃，
我要退回故乡修理我的旧衣。

我要把碧绿的荷叶裁成上衫，
我要把洁白的荷花缀成下裳。
没人知道我也就让他抹杀吧，
只要我的内心是真正的芬芳。

要把头上的冠戴加得高而又高，
要把项下的环佩增得长而又长，
芳香和污垢纵使会被人混淆呀，[①]
只我这清白的精神是丝毫无恙。

我忽然又回过头来放开眼界，
打算往东西南北去四处观光。
我的花环是参差而又多趣呀，
馥郁的花气呵会向四方远飏。

世上的人们任凭他各有所好，

① 原文作“芳与泽其杂糅”，“泽”字旧未得其解。今案毛诗《秦风》：“子曰无衣，与子同泽。”郑注：“泽，亵衣，近污垢。”即此“泽”字之义。案王船山已作如此解。（按《秦风·无衣》作“岂曰无衣，与子同泽”。此作“子曰”，当系笔误。——《郭沫若全集》注）

而我的习惯是专于爱好修洁。[①]
就把我车裂了我也不肯变更，
难道我的心还会怕受人威胁？

我的女伴她殷勤地替我关心，[②]
她娓婉而又回环地劝戒着我。
她说道："鲧是太直辟不顾性命，
终竟在羽山下遭受了惨杀之祸。

"你为什么总是要孤高而又洁癖，
偏偏的一个人有着这样的奇装？
蒺藜、王刍和枲耳正是当道时节，
你却与众不同地要说它们不香。

"人众是不能够家谕而以户晓呵，

① 此句原本作"余独好修以为常"。"常"字失韵，当作"恒"，乃汉人避文帝讳所改。

② 原文为"女须之婵媛"，"女须"旧以为人名，或说为屈原姊，或说为屈原妹，均不确。今姑译为"女伴"，疑是屈原之侍女。

有谁人能够了解得我们的内心？[①]
天地间都是在成群而又结伙呀，
你为什么总孤另另地不表同情？”

我依据着先圣的理法节制性情，
有了这样的遭遇不禁悲愤填膺。
渡过了沅水和湘水我走向南方，
我走去向着重华呵诉我的衷肠。

“夏启从天上得到了九辩与九歌，
在艳阳时分他欢乐着，自行放纵。[②]

① 此句原文为“孰云察余之中情”，“余”字在此当解作复数。古人用代名词，单复数之形每无别，如诗言“我车既攻，我马既同”“母氏圣善，我无令人”，“我”均是“我们”。此句“余”字亦正是“我们”。前人坐此字不得其解，以此节为屈原之语非是。

② 此二句原文为“启九辩与九歌兮夏康娱以自纵”。《山海经·大荒西经》云“夏后开（即启）上三嫔于天，得九辩与九歌以下”，《天问》亦云“启棘宾帝（原误为商），九辩九歌”，故此译作从天上得来。又“夏康娱以自纵”句，旧以“夏康”连读为夏之太康，以下文“日康娱而自忘”“日康娱以遨游”等句法例之，知实出于误会。墨子《非乐》云：“于武观曰：启乃淫溢康乐，野于饮食，……湛浊于酒，渝食于野，万舞翼翼，章闻于天，天用弗式。”所道者即此事。武观即书逸篇《五子之歌》（今存者乃梅赜伪本），亦即本节所出之五子。《国语·楚语士蜫》曰：“启有五观。”五武音同字通，实一人，非五人。五子误为五人，其事甚古。《周书·尝麦解》：“其在启（原误为殷，今正）之

毫无深远的谋虑以做未雨绸缪，
他的兄弟五观便和他生了内讧。[①]

“有穷氏的后羿淫于游观而好田猎，
他所欢喜的是在山野外射杀封狐。
本来是淫乱之徒该当得没有结果，
他的相臣寒浞更占取了他的妻孥。

“寒浞的儿子过浇又肆行霸道，
放纵着自己的情欲不能忍耐，
他每日里欢乐得忘乎其形，
终久又失掉了他自己的脑袋。

（续前注）五子，忘伯禹之命，假国无正，用胥兴作乱，遂凶厥国。”《史记·夏本纪》：“帝太康失国，昆弟五人，须于洛汭，作五子之歌。”均以五子为五人，且以为启子。揆其所由，盖即出于误读《离骚》此节之故，以“夏康”既误于前，而“五子”复误于后也。（今本《竹书纪年》详纪武观事，然系杂采诸书而杜撰出之，不足信。可参看王国维《今本竹书纪年疏证》。）

① 此句原作“五子用失乎家巷”。王念孙谓“失”字为衍文，并读“巷”为孟子“邹与鲁閧”之“閧”，谓“家巷”即内讧（见《读书杂志·志余》下），均至确。余意“失”字实“夫”字之讹，盖古本一作“夫”，一作“乎”，作“夫”者讹为“失”，后录书者遂合二本而成为此语。

“夏桀王他也始终是不近人情，
到头来是窜走到南巢而野死。
纣王把自己的忠良弄成肉酱，
殷朝的王位也因而无法维持。

“商汤和夏禹都谨严而又敬戒，
周的先世讲求理法也没差池，
在政治上是举用贤者和能者，
遵守着一定的规矩没有偏倚。

“主宰一切的上帝他公道无私，
他要看到了有德行的才肯帮助。
只有那德行高迈的圣人和贤士，
才能够使得四海之滨成为乐土。

“既经考察了前王而又观省后代，
我省察得人生的路径十分详明。
不曾有过不义的人而可以信用，
不曾有过不善的事而可以服膺。

“我纵使是身临绝境而丧失性命，
回顾自己的初心我也并不翻悔。
不曾问凿孔的方圆而只求正枘，
古代的贤人正因此而遭了菹醢。”

我是连连地叹息着而又呜咽，
哀怜我生下地来没逢着良辰。
我提起柔软的花环揩雪眼泪，
我的眼泪滚滚地沾湿了衣襟。

我跪在自己的衣脚上诉了衷情，
我的忠心耿耿地既得到了稳定。
我要以凤凰为车而以玉虬为马，
飘忽地御着长风向那天上旅行。

我清晨才打从那苍梧之野动身，
我晚上便落到昆仑山上的悬圃。
我想在这神灵的区域勾留片时，
无奈匆匆的日轮看着便要入暮。

我便叫日御的羲和把车慢慢地开，
就望见日将入的崦嵫也没用赶快，
旅行的途程是十分长远而又长远，
我要到上天下地去寻求我的所爱。

且让我的玉虬就在咸池饮水，
且让我的乘凤就在扶桑休息，[①]
折取若木的桠枝来敲打日头，
我暂时留在这儿逍遥而踯躅。

想遣月御的望舒替我做着前驱，
想遣风伯的飞廉替我做着后卫，
想遣天鸡的鸾凰替我做着鼓吹——
雷师走来告诉道：一切未曾准备。[②]

我便令我的乘凤展翅飞腾，

① 此二句原文只言马言辔，然上文有“驷玉虬以乘鹥”之语，知所谓马即玉虬，辔即凤凰。

② 原句为“雷师告余以未具”，旧解为“严装未具”，余意当是所需要之月御、风伯、鸾凰等未能准备之意。

即使入了夜境也无须停顿，
飘风聚集着都在恐后争先，
率领着云和霓来表示欢迎。

我们是蓬蓬勃勃地时离时合，
我们是光辉灿烂地或下或上。
我叫那天国的门子替我开门，
他才倚着天门只是把我望望。

时辰是昏蒙地快到末日的光景，
我纽结着所佩的幽兰不能移步。
天地间是这样混浊而不别贤愚，
总爱抹杀人的美德而生出嫉妒。

等待到天明时我又要渡过白水，
我要登上那阆风山顶系我玉虬。
我忽然地又回转头去流起泪来，
我可怜这天国中也无美女可求。[①]

---

① 原文为“哀高丘之无女”，高丘指天国附近之处。因上言帝阍不为开门，故此忽然流涕，觉天国中亦有炎凉也。

我飘忽地来到了这天国的门前，
我攀折了琼枝来插上我的兰佩。
趁着这琼枝上的瑶花还未飘零，
我要到下方去送给可爱的香闺。

云师的丰隆，我叫他驾着云彩，
为我去找寻宓妃的住址所在。
我把兰佩解下来拜托了蹇修，
我拜托他代表我去向她求爱。

她开始总是含糊地欲允不允，
忽尔间又乖违了全不肯赞成。
她晚上回家时是在穷石过夜，
她清早梳头时是在洧盘堆云。[①]

她只图保存着貌美不肯谦恭，
整天价都欢乐着在外面遨游。

---

① 此言宓妃与后羿通淫。《左传》襄公四年“后羿自鉏迁于穷石”。《天问》篇：“帝降夷羿，革孽夏民，胡射夫河伯，而妻彼洛嫔？”洛嫔即宓妃。

面貌纵然是美好而礼节全差，
我要丢掉她，慎重地再作别求。

我在天空中观遍了四极八荒，
我观遍了又然后回到这下界。
我望见了有娀氏的佳人简狄，
她居住在那巍峨的一座瑶台。

我吩咐鸩鸟，叫她去替我做媒，
鸩鸟告诉我，说道，她去可不对。
有雄的斑鸠本来是善于诉苦，
但我又嫌恶他，实在有点多嘴。

我心里踌躕着而又狐疑呀，
我想要自己去也觉得不妥。
玄鸟的凤凰已把礼物送她，[①]

① 原句为“凤凰既受诒”，以上下文案之实即玄鸟传说。《天问》篇：“简狄在台喾何宜？玄鸟致诒女何嘉？”《九章·思美人》：“高辛之灵盛兮，遭玄鸟而致诒。”玄鸟致诒即凤凰受诒，“受”“授”省，“诒”“贻”通，知古代传说中之玄鸟实是凤凰也。《商颂》“天命玄鸟，降而生商”，注家以玄鸟为燕，乃后来之转变。

我怕高辛氏早已快过了我。

想往远方去但又无可投靠，
我暂且流浪着在四处逍遥。
趁少康还没有结婚的时节，
还留下有虞氏的两位阿娇。

但提亲的既不行而媒人又笨，[①]
我恐怕这次的求婚也是不稳；
人间世是混浊而嫉妒贤能呀，
总喜欢隐人善处而扬人恶声。

佳丽的香闺既深邃而难于觊觎，
你聪明的君王又始终不肯醒悟。
我一肚子的衷情真无处可诉呀，
我哪能够忍耐得就这样地死去！

① 原句为“理弱而媒拙”。《九章·抽思》“理弱而媒不通”，又《思美人》“令薜荔以为理……因芙蓉而为媒”，均理与媒对文。本文上有“吾令蹇修以为理”句与“吾令鸩为媒”语例辞意均相类。盖古者提婚人与媒介人有别（今世习俗亦每如是），提婚人谓之“理”也。

我找来了灵草的琼茅和些细竹，
我请求了女巫的灵氛为我占卦。
她说道："男才女貌本是天所配成，
哪儿有真正的美人而没人爱他？[①]

"你请宽怀些呀请想到九州的广大，
何必一定要限于这儿才有女娃？
你请努力着朝四方去不要逡巡，
又哪有怀春的女子会把你丢下？

"天地间哪儿会没有香草呢？
你为什么一定要念着故乡？
这故乡是黑暗而又昏蒙呀，
谁能够辨别出我们的短长？

---

① 此句原为"两美其必合兮，孰信修而慕之"，"慕之"字意难通，与上句"占"字亦不合韵。余以为当是"莫心"二字误合而为一者也。心者任也，爱慕之极也。诗所谓"心乎爱矣"，又"中心藏之"。又灵氛乃女巫名，知必为女巫者以《九歌》中言灵多言女饰故。

“人们的好恶究竟有什么不同？
只有那一批先生们特别出众。
他们都把些野蒿来戴满腰间，
偏要说馥郁的幽兰不可佩用。

“连草木的好坏都还不能辨清，
说到美玉的臧否又岂能识相？
把粪土来充满了自己的缨包，
偏要说申椒真果是一点也不香。”

我打算要听从这灵氛的吉占，
我心里踌躅着但又不能决定。
听说是巫咸将要在晚间下凡，
我怀着椒香和精米等他来临。

天上的百神缥缈地从天而下，
九嶷的女神缤纷地前往迎迓。
辉煌煌地发出了无限的灵光，
巫咸他又告诉了我一批好话。

他说道：“你应该努力去四方跋涉，
去追求意气相投的自己的同志。
商汤和夏禹都虔诚地求过贤臣，
伊尹和皋陶便际遇着君臣共济。

“只要你自己的存心真好修洁，
又何必一定要有人来做媒介？
傅说为佣，他曾经在傅岩版筑，
武丁用了他并没存丝毫芥蒂。

“吕望在朝歌的市中使用屠刀，
遇着周文王便拜他做了师傅。
甯戚在放牛时扣角而作商歌，
遇着齐桓公便聘他做了大夫。

“要趁着这岁华还没有迟暮，
要趁着这季节也还没有萧条，
怕的是一听到伯劳鸟的叫声，
一切的花和草都要为之香消。

“真是美呵，你那琼枝的环佩，
怎奈得人们胡涂不肯宝贵。
那批先生们完全不讲信用，
怕会出于嫉妒要前来捣毁。”

时俗纷纷地是变换无常呀，
我在此又哪能够久于停留？
幽兰和白芷都失掉了芬芳，
溪荪和蕙草都变成了蓍茅。

为什么往日的这些香草，
到今天直成了荒蒿野艾？
这难道还有甚别的理由？
只因为它们是不肯自爱！

我以为兰本来是万分的可靠，
谁知它名实不符而虚有其表！
抛弃了自己的美质随俗取容，
它真真是辱没了一般的香草！

椒，他专一地取媚而妄自夸大
本来是茱萸也妄想充实香包，
既已经不自珍重而力求佞幸，
纵使还有点香又有什么可宝。

时俗所喜欢的是随波逐流，
谁又能保持得不生出变化？
看到椒和兰都变成了这般，
揭车和江离更无须乎多话。

只有我戴的花环至可宝贵，
美质虽被蔑视而遭遇可悲；
花的芳香勃勃地难以消逝，
花的芳香直到今还未衰微。

保持着冲和的态度以自欢娱，
我姑且向四处飘流寻求美女。
要趁着我这环佩还很有馨香，
我要四处去寻求呵，上天下地。

灵氛已把协吉的占辞向我告诉，
选定了好的期日我要走向远方。
折来琼树的嫩枝呵，做我的路菜，
磨来美玉的细屑呵，做我的干粮。

为我驾上神速的八尺高的龙马，[①]
把琼瑶和象齿装饰着我的乘舆。
离心离德的人们哪有方法同流？
我要飘泊到远方去离群而索居。

我且把我的路径转向着昆仑，
离别了故乡去做天涯的羁旅，
高标着云霓的旗帜映日生辉，
摇动着玉制的鸾铃和音钦其。

我清早打从天汉的渡口起身，
我晚间便达到了西方的边极。

① 原文为“为余驾飞龙”，龙乃马名，马八尺以上为龙，《尔雅·释畜》作“駥”。知必为马名者，下文言“仆夫悲余马怀兮，蜷局顾而不行”，固明言是马。又下文“驾八龙之婉婉”亦同此解。

凤凰飞来缤纷地绕我的旌旗，
都高高地翱翔着而威仪翼翼。

我忽然间走到了西极的流沙，
沿着这赤水河边我纡徐徙倚，
我麾使着蛟龙为我架道桥梁，
招呼着白帝快把我渡过河去。

道路既长远而又十分崎岖，
我只好叫从车们路旁等待。
路绕着不周山再向左而转，
不走到西海边我决不回来。

我的车从聚集着有一千多乘，
品齐着玉制的轮子并辔而驰。
各驾着八头的骏马蹻蹻如龙，
载着有云彩的旗帜随风委移。

我自己按抑着壮志，弭辔徐行，
让超迈的精神在清虚中驰骋。

演奏着夏启的《九歌》，舞着《九韶》，[①]
暂时地借着辰光以举行余兴。

在皇天的光耀中升腾着的时候，
忽然间又看见了下界的故丘。
我的御者生悲，马也开始恋栈，
只是低头回顾，不肯再往前走。

（尾声）
算了吧！
国里没有人，没有人把我理解，
我又何必一定要思念着乡关？
理想的政治既没有人可以协商，
我要死了去依就殷代的彭咸。

1942年5月16日

① 原为“奏九歌而舞韶”，《九歌》乃启乐。韶即《九韶》，乃启舞。《大荒西经》：“天穆之野高二千仞，开（即启）焉（爰）得始歌《九招》”，郭璞注引《纪年》：“夏后开舞九招。”

解　题

《离骚》的译文是一九三五年还陷在日本的时候搞的。一九四二年在重庆曾经润色过一次。目前这一次没有多么大的修改。只有一处比较重要的是“芳与泽其杂糅”句。我以前把它译成了“芳香与光泽纵使会被人混淆”，那是完全错了。说到“杂糅”必然是混淆着两种相反的东西，如像“同糅玉石”之例。故“泽”字应该是“芳”的反对，不能解为光泽、色泽或德泽。《惜往日》中也有这个句子，“芳与泽其杂糅兮，孰申旦而别之？”分明是说两种相反的东西混淆了，不容易辨别。想到这里，便可找到“泽”字的正确解释了。诗《秦风·无衣》：“与子同泽”，郑玄注“泽，亵衣也，近污垢”。故这儿与“芳”为对文的“泽”字，应该译为污垢。这一个字，自汉以来的注家都讲错了，可见要读懂古书是颇不容易的。

《离骚》是屈原最成熟的作品。著作的时期，司马迁把它放在怀王时代，很不妥当。《离骚》中有“老冉冉其将至”的话，古人七十始称老，屈原必须至少到五十以上才能说得出。我以前又把它的时期定得太迟，定在《哀郢》之后，认为是屈原六十二岁将死时的作品，这也是不妥当的。像《离骚》这样的长篇大作，在作者必然要有精神上的和体魄上的相当的余裕才能产生。《哀郢》之后，在短促的逃难期间，不可能产生出这样充实的作品。因此，我推想这篇作品必作于《哀郢》之前。屈原在长期流窜中，是曾经在湘沅区域放荡过的。

作品的结构用现实的叙述与幻想交织着。前半是现实的叙述，后半便织入了大胆的幻想。诗人在幻想中忽而到了天国的门前，忽而到了世界的屋顶，忽而又到了西极的天边，上天下地去追求他所理想的对象，结果是失望了。在最后突然写上“仆夫悲余马怀兮，蜷局顾而不行”，就好像从天上坠下来的一样，使幻想全部破碎。屈原，基本上是一位现实主义者。

最值得欣赏的，我觉得，是诗人幻想到了天国的门前，而守门者不肯替他开门，倚着天门望着他，使他感到“连天国里也没有好人”（“哀高丘之无女”）。这可明白地表示着屈原的性格和思想。在当时，天（上帝）的权威，本来是发生了动摇的，北方的诗人也早有“视天梦梦”的话（《诗经·小雅·正月》篇），但难得屈原把这种怀疑思想幽默地形象化了。

把古诗译成现代语是相当困难的，初译稿在译就后写了一些感想，我把它摘录在下边：

“原文乃中国至和谐之韵文，译为今语，实多勉强而难于讨好。然余戆然为此者，凡古代韵文，于字法句法多所省略，吾辈读之，每陶醉于其音韵之铿锵，如接聆音乐而多不明其意。

今以今言译之，于名词、代名词之单复数，动词之时调等三致意焉，则古文之节段与意境有不烦辞费而豁然自呈者。本篇之译述，读者请视为韵语注疏可耳。”

1953年3月31日

九　章

惜　诵

借诗歌以表达不幸，
振作起来抒写性情。
凡所言如非出于本心，
上帝可以做我见证。

要请五方帝为我理论，
要使六宗神[①]为我说明，
要使五岳四渎来做陪审，
要使皋陶来判断案情。

① 原作“六神”，即《尚书·帝典》之“六宗”。但六者为何，其说不一。

我对于国王竭尽了忠诚，
反而遭受疏远而成孤另。
我不肯巧言令色，与众不同，
有贤明的长上就会分明。

我的言行一致，可以考查，
我的表里如一，不会变化。
人君能最容易了解人臣，
因为考证就在他的眼下。

我的本道是先君而后己，
人们便和我结下了大仇。
我只顾忠诚而不管别的，
人们便把我当成了对头。

我做事专心而不迟疑，
然而才不能够保障成就。
我专诚地急于亲近长上，
然而才是招祸的根由。

体念长上谁能比我认真？
招受贫贱我也满不介意。
我侍奉长上是毫无表里，
也不知道怎样去讨欢喜。

忠实有罪而要受罚，
这是我所不曾料到的。
不同流俗而被推翻，
这是人们之所耻笑的。

我纷纷地遭受了谗言，
令我自己呵百口莫辩。
中情隐约而难于表达，
又被封锁着，没有出面。

我心中抑郁而且不安，
这样的情形谁也不管。
话多没有办法写成书面，[①]

① 原文作“烦言不可结诒”。古人写信，是写在竹木简上而外加绳索，故我把“结诒”译成书面。

就写出吧，递去也很困难。

不作声，没有人知道你呀；
作声吧，大家在装聋卖哑。
我万分地不安而又惶惑，
心中烦闷着想不出办法。

在从前我梦见过去登天，
魂到中途失掉了航路。[①]
我向厉神卜问了吉凶，
他告我："你志高而无帮助。"

我又问："是否要遭受疏远？"
他说："你所想的未必实现。
谗言太多，要让黄钟毁弃；
你开始顺利，其后要遭危险。"

吃一堑便可以长一智，

① 原文作"登天无杭"，即下文"释阶登天"，故"无杭"确是失去航路。闻一多解"无杭"为"茫沆"，非是。

我为什么不改变态度?
丢掉梯子想要登上天,
我还和从前一样胡涂?

大家都惊异着不表同情,
我何以还要这样强项?
志趣相同的人都离开了,
我何以还要这样倔强?[①]

晋国的申生,他是孝子,
父亲听信谗言,让他死了。
行为耿直而不肯犹夷,
伯鲧治水,因而未能治好。

曾听说:“忠诚可以遭怨”,
我认为胡言,满不介意。
要九折肱才能成为良医,

① 原文“强项”与“倔强”作“伴”与“援”,系连绵字析用。诗《大雅·皇矣》作“畔援”,或作“畔涣”。又如畔岸、畔衍、畔喭、畔谚、呩喭、反衍……均同一连绵字。有强项傲岸之意。

到今天我才知这是真理。

你飞在天空，人们有弓弹。
你藏在地下，人们有罗网。
都专用刑罚去讨好君王，
这身子不知道何处安放。

想要低首下心而求情吧，
但恐怕火上又再加油。
想要远举高飞而出国吧，
但恐怕君王说我逃走。

想要不顾一切而乱来吧，
但我志趣坚决，不能忍心。
我的背和胸口断续地[①]隐痛呵，
我心头郁结着没法安顿。

我采集木兰、蕙草、申椒，

---

① 原文作“牉以交”，即断续之意。牉是分，交是合。

想研成粉末以做粮饷。
我栽种川芎，又培养菊花，
想捣成[1]香料，以裹干粮。

怕自己的诚实还不可仗恃，
故再三提说，以警惕自己。
举出这些香草来供我修养，
我愿深思远虑而自行隐藏。

涉　江

小时就喜欢这特殊的装饰，
到老来我也是依然欢喜。
带着长长的宝剑，
顶着高高的帽子。
嵌着明月的真珠，
佩着珍贵的玉器。
尽管胡涂的人以为稀奇，

---

① 原作“春日”，当系“舂旦”之误，因形近而讹。秦法有“城旦舂”之罪名。盖“旦”乃“担”省。担，击也。

我却高视阔步，置之不理。

驾着两条有角的青龙，
配上两条无角的白龙，
我要奉陪着大舜皇帝，
遨游于清虚之宫。
登上昆仑的高山，
吃着精细的干粮，
我要与天地比寿，
我要与日月同光。
我一人独自来到这南方，
我渡过了长江和湘江。[①]

登上高岸我回头眺望，
秋冬的余风令我凄凉。
解下我的马让它们去逍遥，
把我的车子停在树林边上。
赶着篷船我开向沅水上航，

---

① 《涉江》之作殆与《离骚》相去不远。屈原在长期窜逐中，南下湘沅流域应不止一次。余昔以《涉江》作于《哀郢》之后，今知其非是。

船夫们整齐地划着大桨。
船却慢慢地不肯前进，
在洄水当中迂回荡漾。
清早我打从枉陼动身，
晚上我才落宿在这辰阳。
我的精神只要是端直的，
就遭了疏远也不失望。

进入溆浦我开始了踌躅，
惶惑着不知道该往何处？
两岸的林木深深而幽暗，
不少的猿猴在树上居住。
山岭很高遮着了太阳，
山下阴晦而多雨多露。
一望无涯地在下着水雪，
浓厚的乌云在天空密布。
可怜我的生活毫不适意，
一个人逃避在这样的山里。
我不能改变志趣随波逐流，
固应该忧愁痛苦而至于死。

接舆成了奴隶，

桑扈没有衣裳。[①]

忠臣不必重用，

贤人不受表彰。

伍员赐剑而死，

比干剜心而亡。

看到前代都是这样，

又何必恨今人的荒唐。

我要遵守正道而不犹豫，

穷愁到死，理所应当。

（尾声）

孔雀呵，凤凰，

愈飞愈远。

乌鸦呵，燕子，

巢在堂前。

---

① 此下当有夺误，因“行”字单独，无与为韵者。又接舆、桑扈与伍员、比干都是引用典故，而中间插上“忠不必用兮，贤不必以”句，章法亦欠妥当。疑“忠不必用，贤不必以”是后人的注语误入正文。伍子与比干句亦因求合韵而被颠倒。

木莲被拔弃，

死在路边。

香的说是臭，

臭的说是香。

阴阳颠倒，

昼夜反常，

我自信而终徬徨，

将飘然逃往四方！

哀　郢[1]

啊，老天爷真真是不守轨范，

为什么要把老百姓拚命摧残？

大家都家破人亡，妻离子散。

在这仲春二月向着东方逃难。

离开了家乡都朝远处逃走，

沿着江水、夏水不再回头。

---

[1] 此篇王船山以为所纪者乃楚顷襄王二十一年（公元前二七八年）秦将白起攻破郢都，楚东北保于陈时事，极是。

走出国门，我的心里难受，
今朝是甲日，我也不能久留。

从郢都出发，离开了家园，
心中无主，不知要走到何年？
船上的人们一齐划着桡片，
一国的君主怕已经死在兵间。

望着高大的梓树不禁长叹，
眼泪淋漓如像水雪一般，
船过夏口而心依恋着西边，[①]
回顾龙门已经不能再见。

心里凄凉，说不出它的滋味，
到底逃向何处，何所依归？
我只随着风波，随着流水，
飘飘然做个游子，有去无回。

① 此句与下文“背夏浦而西思”为同例语，故知“西浮”为心思向西而船行向东。

长江的波澜呵，你忽然壮阔，[①]
船行如飞，不知将何到达？
心中的苦闷真是郁结难解，
思前想后，怎么也不能去怀。

载沉载浮，驾着水上的船舟，
或上洞庭湖，或往下游，
离开了祖先百代的老家，
迢遥地走向异乡飘流。

魂灵时常在思念着乡梓，
没有一刻不想转回家去。
离开了夏浦而心却向西，
可怜残破的都城日益迢递。

登上大堤，我向远方眺望，
姑且这样，以疗慰我的悲伤。
可爱的国土呵，无边的沃壤，

① 阳侯乃波神。此处叙从汉水达到长江，突见江波浩渺。

水乡的民俗这样古朴纯良。

问我们因何故乘船至此？[1]
远从夏水南来要往何处？
竟不知都城宫殿已成废墟，
还问哪两座东门化作荒芜。

心里的隐忧是承先启后，
旧愁未去，又接上了新愁。
想到郢都的恢复遥遥无期，
就像江水与夏水没有尽头。

想到我遭受谗言而被疏远，
未回郢都足足已有九年。
心里梗塞，我是愁惨万端，
独立苍茫，真真是有恨难言。

有人呵，绰约而受爱宠，

① 此节是江介遗风的说明，叙江边人古朴，还不知道郢都破灭的惨事。“陵阳”即上文“凌阳侯”之略语，犹言乘风破浪。

真好像是弱不禁风。
我耿耿忠心而愿报效，
嫉妒者如乱草之蓬蓬。

唐尧与虞舜是多么崇高，
他们的德行是光被四表。
而嫉妒者却要滥造谣言，
说是“尧不慈，舜可不孝”。

蕴积者端正而人不爱，
伪善者慷慨而人喜欢。
伪善者接踵而愈亲近，
蕴积者孤高而愈疏远。

（尾声）
啊，我在向四方远望，
要几时才能再回故乡？
飞鸟一定要归巢，
狐死，头向着山岗。
我无罪而遭流窜，

日日夜夜心中不忘。

抽　思

心里的忧愁万分郁结，
孤独地唉声叹气，不断悲伤。
思来想去，怎么也不能开怀，
只恨长夜漫漫，天总不亮。

秋风一吹，万物都要萧条，
坏人当道，真是一片糟糕！
你为什么那样地容易急躁，
你使我心神不安呵，尊贵的香草！[①]

想率性离开故乡跑向国外，
看到人民的灾难又镇定下来。
我把菲薄的衷情织成歌辞，
想呈献给你呵，我所敬爱。

① 荪或荃是香草，但《楚辞》中惯以此字喻尊贵者。

你早先已经给我约好：
“我们在黄昏时候见面。”
但你在半途又改变了，
丢掉了我，去和别人缠绵。

你把他的美好向我夸耀，
你把他的长处向我矜示。
你对我说的话全不守信用，
你只是无原故地对我生气。

想乘着你空闲自行表白，
心里害怕又不敢这样做。
我踌躕，但我总想见你，
可怜我的心是徬徨无主。

我把这情景编成了歌辞，
但你假装耳聋不肯倾听。
我知道直切的人不会讨好，
大家也真的当我成眼中钉。

以前我所陈述的有凭有据，
难道到现在便都已经忘了？
我为什么总喜欢衎衎而谈，
是希望你的光彩更加辉耀。

愿以三王五伯作为你的榜样，
愿以彭咸作为我自己的典型。
我们一切都要做到尽善尽美，
普天下都要传遍我们的名声。

善行要靠自己努力，不从外来，
名声要与实际相符，无可虚假。
哪有不给予的而能得到酬报？
哪有不种瓜的而能够得到瓜？

（小歌）
我为美人唱出我的幽情，
日日夜夜都没人佐证。
把他的美好向我矜骄，
把我的歌辞在耳边溜掉。

（唱）

一只鸟儿从南方飞来，
停留在汉水之北。
毛羽十分美丽，
孤单地在异乡作客。
没有一个知交，
也没有谁介绍。
相隔既远而被人忘怀，
要自荐也没有路道。
望着北山而流眼泪，
对着流水而自哀悼。

孟夏的夜景本来很短，
为什么长得来就像一年？
郢都的路途确是遥远，
梦魂一夜要走九遍。
我不管是弯路还是捷径，
只顾南行戴着月与星星。
想直走但又未能，
梦魂往来多么劳顿。

为什么我的性情这样端直，
别人的看法却和我不同。
替我媒介的人都欠工夫，
也还不知道我的从容。

（尾声）
水浅滩长，
我溯沧浪[①]而上。
回望南方，[②]
聊以解慰愁肠。
怪石崎岖，
行走不如人愿。
迂回超越，
使我进退两难。[③]
迟疑不进，
落宿在这北姑。

---

① 原文只作“江潭”，不言何江。案此当是沧浪江，请参看《渔父》注释。

② 原作“狂顾南行”，“狂”当是“枉”字之误。“南行”犹周行、中行，指往南方的道路。

③ 此句原文作“行隐进兮”，“进”字与上“蹇吾愿兮”，失韵，义亦难通，当为“难”字之误无疑。

心烦意乱，

万事颠沛胡涂。

叹息悲伤，

神魂飞向远处。

地偏路远，

没人代为诉苦。

调整思路，

作歌聊以自娱。

忧愁难解，

有谁可以告诉？

怀　沙

初夏的天气盛阳，

百草万木茂畅。

我独不息地悲伤，

远远走向南方。

眼前一片苍茫，

听不出丝毫声响。

心里的忧思难忘，
何能恢复健康？

反省我的志向，
遭受委屈何妨？
我坚持我的故常，
不能圆滑而不方。

随流俗而易转移，
有志者之所卑鄙。
守绳墨而不变易，
照旧地按着规矩。

内心充实而端正，
有志者之所赞美。
工垂巧而不动斧头，
谁知他合乎正轨？

五彩而被人暗藏，
瞎子说它不漂亮。

离娄微闭着眼睛，
盲者说他的目盲。

白的要说成黑，
高的要说成低。
凤凰关进罩里，
鸡鸭说是会飞。

玉与石混在一道，
好与坏不分多少。
是那些人们的无聊，
不知道我所爱好。

责任大，载子重，
使我担任不起。
掌握着一些珍宝，
不知向谁表示。

村里的狗子成群，
不常见的便要狂吠。

把豪杰说成怪物，
是庸人们的口胃。

我文质彬彬，表里通达，
谁都不知道我的出众。
我鸿才博学，可为栋梁，
谁都不知道我的内容。

我仁之又仁，义之又义，
忠诚老实以充实自己。
舜帝已死，不可再生，
谁都不知道我雍容的气宇。

自古来，贤圣不必同时，
这到底是什么道理?
夏禹和商汤已经远隔，
就追慕也不能再世。

抑制着心中的愤恨，
须求得自己的坚强。

就遭祸我也不悔改，
要为后人留下榜样。

像贪路赶掉了站口，①
已到了日落黄昏时候。
姑且吐出我的悲哀，
生命已经到了尽头。

（尾声）
浩荡的沅水湘水呵，
咶咶地翻波涌浪。
长远的路程阴晦，
前途是渺渺茫茫。

不断地呕吟悲伤，
永远地叹息凄凉。
世间上既没有知己，

① 原作“进路北次”，“北”假为“背”，“次”即站口之意。因上文言“汩徂南土”，故知“北”字必假为“背”。

有何人可以商量。[①]

我为人诚心诚意，
但有谁为我佐证？
伯乐呵，已经死了，
千里马有谁品评？

各人的禀赋有一定，
各人的生命有所凭。
我要坚定我的志趣，
决不会怕死贪生。

死就死吧，不可回避，
我不想爱惜身体。
光明磊落的先贤呵，[②]
你们是我的楷式！

① 此节通行本在“余何畏惧兮”（“决不会怕死贪生”）之下，今依《史记·屈原列传》移于此。《史记》于“余何畏惧兮”之下又重出此数语，今删去。

② 原作“明告君子”，“明告”当读为“明皓”，乃君子之形容词。

思美人

怀念着我心爱的人呵，
揩干眼泪而远望。
没人介绍而路又迢遥，
有话却无法成章。

我至诚一片而蒙冤，
我进退两难而不前。
愿每日陈述我的心思，
心思沉顿而难表现。

愿浮云为我捎信，
云师却不肯讲情。
托鸿鸟为我传书，
鸿高飞而不应命。

我难比帝喾高辛，

能遇凤凰而授卵。[1]
要变节而随流俗，
我知耻而有所不敢。

多年来我遭受摧残，
毫不减我心中的愤懑。
宁失意而长此终身，
我何能如掌之易反？

我明知正路难通，
但我不能不走正路。
尽管是车翻而马倒，
我依然望着前途。

我再把好马辔上，
请造父为我执鞭。
慢慢地走，不必驱驰，

① 原作“遭玄鸟而致诒”，玄鸟即凤凰。《离骚》中“凤凰既受（授）诒兮，恐高辛之先我”，与此同用一故事。传说，商之王母简狄吞食玄鸟卵而生契。

让我把光景留连。

指着嶓冢山的西边，
那汉水发源地点。[①]
就走到日落昏黄，
也莫嫌道途遥远。

我姑且等待明年，
艳阳的春日绵绵。
我要放怀地歌唱，
逍遥在江水、夏水之边。

我攀摘灌木中的荇蕍，
我采集沙滩上的卷施。[②]
和古人可惜不能同时，
摘来香草呵，同谁赏识。

---

① 此处原文当夺二句，或二句以上（当是二加四或四之倍数）。

② “莽”字在此读“莫补”切，其音如母。《离骚》以“与、莽、序、暮、度、路”为韵，此以“莽、草”为韵，则“草”字亦当读如楚。

采取萹蓄与同蔬菜，
尽可以组成环佩。
也未尝不好看一时，
终萎谢而遭毁败。

我姑且快乐逍遥，
观赏南方人的异态。
只求我心中快活，
把愤懑置诸度外。

馥郁的芳香必然远扬，[①]
内部充实，外表自有辉光。
只要真诚的素质长保不亡，
声名会突破一切的阻障。

① 此句之前原有“芳与泽其杂糅兮，羌芳华自中出”二语，单独无与韵者，当是后人注语，误抄入正文。“芳与泽其杂糅兮”见《离骚》：“芳与泽其杂糅兮，唯昭质其犹未亏。”又见《惜往日》章：“芳与泽其杂糅兮，孰申旦而别之？”泽是汗衣或小衣之类，借以表示污秽。混入此章中，不伦不类。又“芳华自中出”即“纷郁郁其远蒸兮，满内而外扬”，有此则犯复。故此处将原有二句删去。

想请薜荔替我说合，
又怕走路去攀上树子。
想采荷花替我媒介，
又怕下水打湿了裙子。

登高吧，我不高兴，
下水吧，我也不能。
固然是我手足不惯，
我犹豫而心不能定。

（尾声）[①]
完全依照着旧贯，
我始终不肯改变。
命该受难我也不管，
趁着这日子还未过完，
一个人孤单地走向南边，
只想追求彭咸的典范。

---

① 此下六行当是所谓“亂辞”，故加“亂曰”二字，殆是抄书者抄夺。［初版本此注文中“亂曰”二字作“（尾声）”，玩注文之意，似以作“（尾声）”为是。——《郭沫若全集》注］

惜往日

回想从前我曾受信用，
禀受王命使时代光明。
把先代的业绩昭示众庶，
使法度严密无疑可存。

国家富强而纲纪缔定，
政在贤者而天下太平。
只须对机密事经常操心，
虽有无心过失，不受处分。

存心敦厚而不拖沓，
竟遭受了谗人嫉妒。
君王轻信而不肯清查，
他对于我忽然生怒。

君王的聪明有人蒙蔽，
造谣生事而又粉饰自己。

不肯参验以考查实情，
把我流窜了，不假思虑。

相信那诽谤者的谰言，
你大发雷霆把我送葬。[①]
有愧于光与影之不可分离，
我已经失脚而还得提防。

面临着沅水和湘水的深渊，
我能忍心地跳下水去。
我就身败名灭也没有什么，
只可惜你君王永受蒙蔽。

忠贞的人本来没有罪过，
为什么反遭谗而受害？[②]
你君王不守法度，不肯检查，
使芳草为乱草所掩盖。

---

① 此处原文有“何贞臣之无罪兮，被离谤而见尤”，今移于下。

② 此二句原在“慙光景之诚信兮”前，当系脱简窜乱，今移于此。句法语意因得其条贯。

我愿诚心诚意，舒展我的心情，
我宁肯死亡，不愿苟且偷生。
但有重重的障碍千层万层，
使忠贞的人无从挨近。

百里奚曾经做过奴隶，
伊尹曾经做过司厨。
姜太公曾经做过屠户，
甯戚曾经做过牧夫。

假使没有商汤和周武，
假使没有齐桓和秦穆，
谁能够重视他们的才能？
谁能够知道他们的好处？[①]

吴王信谗而不知甘苦，
子胥死而国破身亡。
晋文觉悟而追求忠臣，

① 此节原只两句，当夺二句或二句以上（当是二加四或四之倍数）。

介子推被烧死在山上。

为此不让人在介山打柴，
想用以报大德之难忘；
想到故人曾割股充饥，
故麻衣芒履而为之服丧。

有的人忠贞而全大节，
有的人欺诈而不见疑。
不检查而考求实际，
听谗人的一面之辞。

芳香与污垢混淆起来，
谁能郑重地为之区别？
为什么芳草那样早衰，
因微霜下降不曾戒备。

不聪明而遭蔽塞，
使谗佞者日益当道，
从来的佞人嫉妒贤能，

说香草不好做荷包。

嫉妒美貌者的芬芳，
嫫母扭捏而弄风骚。
纵有西施般的美丽，
谗佞者也把她挤掉。

愿把真相说明，自行表白，
我得到罪过，真是出乎意外。
我的冤屈一天一天地分明，
如天上的星星有一定的安排。

你驾着骏马而飞奔，
却没有控马的缰绳。
你乘着竹筏而下滩，
却没有驾驶的桡片。

不守法度而自出心裁，
和这些情况有何两样？
我宁肯死去而随流水，

不愿再遭受一次祸殃。

（尾声）[①]

不等歌辞唱完我要跳下深渊，

你受了蒙蔽的君王呵，再见！

橘　颂

辉煌的橘树呵，

枝叶纷披。[②]

生长在这南方，

独立不移。

绿的叶，白的花，

尖锐的刺。

多么可爱呵，

圆满的果子！

---

① 此处原文当脱“亂曰”二字。

② 原文作“后皇嘉树，橘徕服些”，“后皇”当即辉煌、堂皇之意。旧释为皇天后土，则又何不可释为皇娥（少昊母）后稷呢？“徕服”犹离靡，亦连绵字，非来服水土之意。

由青而黄，
色彩多么美丽！
内容洁白，
芬芳无可比拟。
植根深固，
不怕冰雪纷霏。
赋性坚贞，
类似仁人志士。

呵，年青的人，①
你与众不同。
你志趣坚定，
竟与橘树同风。
你心胸开阔，
气度那么从容！
你不随波逐流，②
也不故步自封。

① 《橘颂》显然分为前后两段。前段颂橘，自此以下为后段，乃称颂一位年轻的人。此人为谁，不得而知。

② 原作“苏世独立”，“苏”读为“疏”，即离世独立之意。

你谨慎存心，

决不胡思乱想。

你至诚一片，

期与日月同光。

我愿和你

永做个忘年的朋友。

不挠不屈，[①]

为真理斗到尽头！

你年纪虽小，

可以为世楷模。

足比古代的伯夷，

永垂万古！

悲回风

可怜蕙草被旋风飘摇，

我心悲切而冤愤难消。

毒量虽小而使人丢命，

① 原作“淑离不淫”，“淑离”当即卓荦之意。

秋声虽隐而使万物萧条。

我为何苦苦地思慕彭咸？
纪念着他的志节高超。
作伪者纵使你千变万化，
哪能够长久地掩饰得了？

鸟兽呼号而群集，
花草一律地失去芬芳。
群鱼鳞次而炫耀，
蛟龙的光彩反被隐藏。

苦菜与甜菜不能同栽，
幽兰和白芷独处山崖。
只有贤哲者永远光彩，
怡然自得，超越千年万代。

我是旷渺地远怀着古人，
就像那翱翔着的浮云。
我心力棉薄有所难于理会，

写出歌辞来以求明证。

我只追慕着古代的贤哲，
摘取香料来自己安排。
我经常叹息，时而流眼泪，
与世隔绝而不能忘怀。

夜里也每不断地焦愁，
眼泪有时要流到天亮。
天亮了也还是枉然，
我的心依旧在悲伤。

清醒时我徐徐步出郊外，
也想勉强地逍遥自在。
可怜我过分地叹息悲哀，
气息梗塞着不能开泰。

把焦虑织成了荷包，
把忧愁编成了背囊。
攀折树枝来遮蔽阳光，

听随着狂风把我飘荡。

往事已经模糊，只存虚影，
心脏却依然动悸，如像沸腾。
抚摩着玉佩和衣领以求镇静，
我迷离恍惚地直往前进。

今年看看便要过去了，
今生也看看便要丢命。
蘋蘩枯槁了，茎节断折，
芳香消逝了，不再氤氲。

我的忧心是无法医治。
可证明谗口胜似锋刃。
我愿寻死而追随流波，
长此焦愁，心中实在难忍。

孤儿吟呻着常流眼泪，
弃子被驱逐不再回家。
谁能够忧愁而无依靠，

愿阐明彭咸的处世方法。[①]

登上石山，我向远处眺望，
道路辽远，真是冷冷清清。
我到了无影无响的区域，
但要无念无想却不可能。[②]

忧愁郁结得十分坚固，
想念凄切地执扭难分。[③]
精神囚锁着不能开展，
气息束缚着难以平匀。

宇宙渺茫得无边无际，
阴阳恍惚得无影无形。
有无声之声仅能感触，
有无物之物而非造成。

---

① 原作“昭彭咸之所闻”，“闻”字与上“还”字失韵，当是“閒”字之误。“閒”与“闲”通。

② 原作“闻省想而不可得”，此“闻”字亦当作“閒”。

③ 原作“居戚戚而不可解”，“居”字与上文“愁”字、下文“心”“气”字不为类，当是“虑”字之误。

八荒茫茫，道里难以数计，
精气漠漠，思虑难以运筹。
悲哀却悄悄地常为伴侣，
展开精神的翅膀聊以解忧。①

攀登上高标的悬崖之顶，
打坐在雌虹的弓背之颠。
占据着太空，抚摩着长虹，
我竟飘忽地扪着了青天。

我吸饮着凉爽的甘露，
我含漱着清快的冰霜。
我休息在凤巢的旁边，②
忽然醒来了，不禁惊惶。③

倚靠着昆仑而俯瞰云雾，

① 原作“翩冥冥之不可娱”，“不”字殆袭首二句而衍。又此下有“凌大波而流风兮，托彭咸之所居”二句，是后文脱简窜乱，已移于后。

② 原作“依风穴以自息”，古“风”“凤”同字，故译“风穴”为凤巢。

③ 原作“忽倾寤以婵媛”，“婵媛”犹啴咺，有惊骇之意。

倚靠着岷山而细察长江。
云雾喷涌出雷霆霹雳，
长江的波澜鞑鞑鞺鞺。

朝东西眺望没有边际，
朝南北眺望没有头绪，
朝上下眺望没有依归，[①]
我的驱驰将何所底止？

我翩翩地忽上忽下，
我摇摇地忽东忽西，
我茫茫地忽前忽后，
伴随着阴阳的消息。

我观察南海的火云怒腾，
我偷看东海的朝霞上升，
我叹息北海的霜雪齐下，

---

① 原文本无“东西”“南北”“上下”等字样，唯因下节言上下、左右（东西）、前后（南北），故此节亦分译成三项。前二句原作“纷容容之无经兮，罔芒芒之无纪”，东西为经，南北为纬，经纪亦犹经纬。

我倾听西海的波涛雷鸣。[①]

我鞭笞着神光电影而来而往，
我的鞭子弯曲有刺，其色金黄，
我追求了介子推所住的介山，
我探访了伯夷饿死处的首阳。

这些印象胶固不能去怀，[②]
想使精神平静，也无法丢开。
我要跳进大波而随风飘去，
倚托着彭咸之所寄在。[③]

（尾声）[④]
我痛恨前人的贪鄙，
我哀悼后人的自私。
我要浮江淮而入东海，

---

① 此节分译成东西南北，与上节亦相条贯。“炎气”与“霜雪”并举，不如此译，则时令矛盾。

② 此两句原文因求与上“策”“迹”韵而被后人颠倒。今乙正之。

③ 此二句原脱简窜入上文，今移于此。

④ 原文只存一“曰”字，当是“亂曰”之残，故译为“尾声”。

去追随那吴国的子胥。[①]

解　题

屈原的《九章》，朱熹说，是“后人辑之，得其九章，合得一卷，非必出于一时之言也”。这判断是正确的。

《九章》中，《橘颂》一篇，体裁和情趣都不同。这可能是屈原早期的作品。这篇，前半颂橘，后半颂人，与屈原身世无直接关联。他所颂的人是很年轻的。所颂者何人？不得而知。是不是自颂？也不得而知。

《橘颂》以外的八章，便都是失意以后的自述，和《离骚》是一脉相通的。其中有很多十分沉痛的话。著作的先后不易判断。大抵《惜诵》较早，可能是初受疏远时所作。《抽思》《思美人》次之，《悲回风》《涉江》又次之。《哀郢》，毫无疑问是顷襄王二十一年，郢都破灭于白起时所作。《怀沙》《惜

① 此章末尾原文尚有六句，即“望大河之洲渚兮，悲申徒之抗迹。骤谏君而不听兮，任重石之何益？心絓结而不解兮，思蹇产而不释”。最末二句乃《哀郢》文，即注文亦同。陆侃如、闻一多均谓当删去，是也。但其前四句亦当是抄书者所窜入的别处文字。因文意相反，而语句亦犯复，如“悲申徒之抗迹”与“见伯夷之放迹”，相隔只数行，而句同韵同，屈原无此拙劣文字。故亦删去。

往日》，大抵就是蝉联而下的作品了。

知道《九章》是后人收辑起来的，那末，那篇相传是屈原作品而却可疑的《远游》，便更可断定不是屈原所作。因为如果是屈原所作，前人便会把它收辑在体裁相近的《九章》里面而成为《十章》了。《远游》那一篇，我认为，是司马相如《大人赋》的初稿。因此，要翻译屈原的作品，《远游》没有翻译的必要。

屈原的思想，基本上是儒家思想。但同时他也受了别的学派的影响。例如《悲回风》中有些道家的气息。又例如《惜往日》中有些法家的气息。

我把《九章》整个翻译了一遍，深深体会到屈原的才华和他沉痛的心境。原作是很铿锵的。单读原作，就如像听音乐一样，虽然受着陶醉，但并没有十分明确的认识。字斟句酌地翻译了一遍，认识是更加明确了。

我的翻译，自信是相当忠实的。经过仔细的斟酌，也得到了不少前人未到的发现。这些发现，我已经分别写在注文里面了。请读者仔细地读那些注文。我的译文，有些地方看来好像十分自由大胆。但如仔细读了注文，便可以知道，我并不是毫无根据。

自然，我也不敢断言：我的解释和翻译便绝对地没有主观成见夹杂在里面。把古人的文字翻成今文，把屈原的语言翻成我的语言，当然不能做到如像照相机那样的准确。

有人说：翻译是创作。这话含有部分的真理。既是译文而不是注疏，那你就须得使你的译文也成为艺术品。不仅求其“信”，不仅求其“达”，还要求其“雅”。这就是说，原作是诗，你的译文也应该是诗。为了达到这个目的，我们应该允许译者有部分的自由。有时候他不能逐字逐句地硬译。他可以统摄原意，另铸新辞。

1953年2月16日

卜　居[1]

屈原遭受放逐已经三年，
不能够和国王再见一面。
他尽忠为国，遭受了阻挠；
心里焦愁，不知怎样才好。

有一位太卜，名叫郑詹尹，
他去找他，开口向他说道：
“我有点事情实在想不通，
太卜先生，我要向你请教。”

---

① 这首《卜居》是一篇叙事诗，原文是有韵的。自来相传是屈原所作，但恐不尽然，可能是深知屈原生活和思想的楚人的作品。在思想上，本篇表明了屈原是一位不信上帝、不信卜筮的理性主义者，和《离骚》《天问》等篇一致。屈原在流窜生活中曾经耕田、种地，这也解答了他能成为人民诗人的一个根本问题。故本篇即使不是屈原所作，在研究屈原上仍然是很可宝贵的先秦资料。

詹尹忙把卜卦的工具摆好，
一手摩着龟壳，一手拿着蓍草；
恭而且敬地说：“有何见教？”
倾听了屈原提的问题不少。

“我应该勤勤恳恳，忠实自守，
还是去敷敷衍衍，专讲应酬？
我应该好好耕田，做个农夫，
还是去花言巧语，游说诸侯？

“我应该是就说是，非就说非，
执行严格的批评，不顾性命；
还是去同流合污，装聋卖哑，
贪图不义的富贵，苟且偷生？

“我应该不顾一切，远走高飞，
保持着我的真面目、真性情；
还是去奴颜婢膝，专事奉承，
对一位骄傲女子，诺诺连声？

“我应该干干净净，公正无私，
决不为贪污的恶毒所沾染；
还是去马马虎虎，胡涂漫汗，
没有丝毫的骨气，一味贪婪？

“我应该昂起头来，就像千里马，
还是去随波逐流，像水中的野鸭？
我应该同骏马一道，任重载远，
还是去拖拖沓沓，做驽马的尾巴？

“我应该和黄鹄一道，天上飞腾，
还是去和鸡鸭一道，争吃蚯蚓？……
到底是哪一种好，哪一种不好？
到底是哪一种行，哪一种不行？

“人世胡涂，青红皂白一概不分：
说是知了翅膀重，千斤担子轻。
青铜的编钟毁了，大家不愿听，
要把土烧的钵子打得震耳心。

“坏人当道，是非黑白颠倒；
好人背时，有力无处报效。
呵，我不再说了，不再说了，
我的廉洁正直，谁个知道？”

詹尹忙把蓍草放下，起立拱手：
“阁下，你的话和我有点不对头。
长的有时会短，短的有时会长；
聪明有时会蠢，本领有时不够。

“阁下的问题，是数理所难猜透；
就去请教上帝，他也只好搔搔头。
请凭你自己的良心，自己去奋斗，
我的乌龟和蓍草实在丢了丑。”

渔　父[1]

屈原已经遭了放逐，散步在沧浪江边[2]，一面走，一面讴吟。脸色很不好，身子很瘦。

一位打鱼的老人看见他，便问道："你不是三闾大夫吗？为什么到了这步田地？"

屈原说："全体都混浊，只有我一个人干净。大家都醉了，只有我一个人清醒。所以遭了放逐。"

老人说："圣人不拘泥，处世接物能够随和。全体都混

---

① 此辞亦见《史记·屈原列传》，大同小异。文字不会是屈原所作，当作于楚人，原文以"移""波""醨""为"为韵，尚是先秦古韵，可证。可作为研究屈原的资料。

② 《楚辞》原文作"游于江潭"，《史记·屈原列传》作"至于江滨"，都没有说是什么江。但下文渔父唱的歌明说是"沧浪之水"，故据以增补。屈原初被放逐处是在汉水北部。《抽思》云"有鸟自南兮来集汉北"，又《思美人》云"指嶓冢之西隈兮，与纁黄以为期"，即其证。《尚书·禹贡》"嶓冢导漾，东流为汉，又东为沧浪之水"，可知渔父所述，是屈原初被逐时事。

浊，你为什么不去逐流随波？大家都醉了，你为什么不把酒来多喝？你何苦太操心，不合群，教人把你放逐？”

屈原说：“我听人说过：洗了头要把帽子弹弹，洗了澡要把衫子抖抖。哪能够以干净的身子，沾染外界的污垢？我宁肯跳进江心[①]，埋在鱼的肚腹里，哪能够在皎皎的洁白上，蒙受尘世的垃圾？”

老人微微地笑着，一面敲着船边，一面唱着歌：

沧浪江水清又清，
好洗我的头巾。
沧浪江水浊又浊，
好洗我的泥脚。

老人各自走了，没有再和屈原说话。

---

① 《楚辞》作“宁赴湘流”，《史记》作“宁赴常流”，案以《史记》为是，当是后人所妄改。

后 记

一

《汉书·艺文志》著录《屈原赋》二十五篇。

二十五篇的内容，根据王逸注《楚辞》，是《离骚》、《九歌》（十一篇）、《天问》、《九章》（九篇）、《远游》、《卜居》、《渔父》。

此中《远游》一篇，结构与司马相如《大人赋》极相似，其中精粹语句甚至完全相同，基本上是一种神仙家言，与屈原思想不合。这一篇，近时学者多认为不是屈原作品。据我的推测，可能即是《大人赋》的初稿。司马相如献《大人赋》的时候，曾对汉武帝说，他“属草稿未定”。未定稿被保存了下来，以其风格类似屈原，故被人误会了。

这一误会，不消说是出于汉人，而且可能就是出于王逸。

因屈原的《九章》本是汉人所采辑的九篇风格相类似的屈原作品，如果《远游》早被认为屈原作品，那末会被收为“十章”而非单独成篇了。即此，已可证明《远游》被认为屈原所作是在《九章》辑成之后。

另有《招魂》一篇，王逸以为宋玉作以招屈原者，但据《史记·屈原列传》则认为作于屈原。司马迁在那传赞里说：“余读《离骚》《天问》《招魂》《哀郢》，悲其志。”《招魂》夹在《离骚》《天问》《哀郢》之间。《离骚》《天问》《哀郢》既毫无问题是屈原作品，那末《招魂》，在司马迁的判断中，也毫无问题是屈原作品。

有人认为：司马迁并没有明言《招魂》为屈原所作，别人所作的有关屈原身世的文章和屈原的文章夹在一道叙述并不是全无可能。但古人说：“诗者志之所之也。在心为志，发言为诗。”司马迁既说“悲其志”，可见司马迁已经明言《招魂》是屈原所作了。

最要紧的还是应该从《招魂》中去找内证。《招魂》的一首一尾分明说出，所招者是王者之魂。即巫阳下招的一段，所叙述的也完全是王者生活。宫室苑囿、车马仆御、女乐玩好、美衣玉食，那些近于穷奢极侈的情况，决不是自甘“贱贫”的屈原的身分所宜有。

故《招魂》作为宋玉招屈原固然不适当，即如某些学者认为屈原自招也是不适当的。关于《招魂》的作者，用不着踌躕，我们应该尊重司马迁的见解。那是屈原在招楚怀王的魂。楚怀王晚年被秦国骗去，拘留了三年，可能就是作于那个时期。

剔去《远游》，加入《招魂》，则《屈原赋》仍为二十五篇。这大约就是班固乃至刘向、刘歆父子所定或所见到的《屈原赋》二十五篇的原有内容了。

知道《招魂》是屈原的作品，则《大招》一篇，王逸以为作于屈原者，也不足信。《大招》行文呆滞，格调卑卑，是不十分高明的《招魂》的摹仿品。文中有“自恣荆楚”等语，楚人不自称“荆”，故《大招》不仅不是屈原所作，而且也可能不是景差或任何其他楚国作者所作。

二

关于二十五篇的先后，也是一个问题。

王逸和旧有的注家，把屈原所有的作品都认为是流窜后所作，那是不妥当的。又因《离骚》是最主要的作品，故都把它来领头。甚至有人称之为“经”，而把其他几篇称为“传”的，这完全是后代经学家的迂腐习气。

各篇的绝对年代当然无法判断，除掉极少数者，如《哀郢》之类。但相对的年代，由作品的风格和情调上是可以大致推定的。

《九歌》和屈原身世无直接关联，情调清新而玲珑，可能是屈原年轻得意时的作品。

《招魂》作于楚怀王末年，《天问》也在先后年代。

《离骚》的年代很不容易考订，但它必早于《哀郢》《怀沙》，必晚于《九歌》《招魂》《天问》，是毫无问题的。这可能是顷襄王初年的作品。屈原于时既遭流窜，但还有充分的生活上和精神上的余裕来酝酿并产生出这样雄厚的巨制。

《九章》九篇，断然不是一时所作。其中《橘颂》最早，与《招魂》《天问》等的体裁相近，基本上还是四言诗。内容也和屈原身世无多大直接的关联。它是借橘以颂人，所谓“比而赋”。所颂的人是比较年轻的。谁呢？无从查考。

《哀郢》一篇作于顷襄王二十一年（公元前二七八年），那可毫无疑问。以此为分水岭，《惜诵》《抽思》《思美人》《悲回风》《涉江》五篇必作于其前；《怀沙》《惜往日》两篇必作于其后。

屈原初遭流窜的地点是在汉水北部，大约在顷襄王二十一年秦将白起的大兵入楚，他才被压迫而沿汉水南下，并渡江至于湘沅流域。在这之前，当曾游历过湘沅，但在他晚年的经历应该是这样的。

在顷襄王二十一年，屈原已经六十二岁了。屈原曾自称“老”（“余幼好此奇服兮，年既老而不衰”），古人“七十曰老”，上了六十岁要称“老”是可以说得过去的。有人说屈原死得早，只有四十岁光景，那对于“老”字就没有办法解释了。

屈原既活到了六十多岁，他的流窜生活已经经过了很长久，然而他终竟自杀了。自杀的动机，单纯用失意来说明，是无法说通的。屈原是一位理智很强的人，而又热爱祖国，从这些来推测，他的自杀必然有更严肃的动机。顷襄王二十一年的国难，情形是很严重的。那时，不仅郢都破灭了，还失掉了洞庭、五渚、江南。顷襄王君臣朝东北逃难，在陈城勉强维持了下来。故在当年，楚国几乎遭了灭亡。朝南方逃的屈原，接连受着压迫，一定是看到国家的破碎已无可挽救，故才终于自杀了。

《卜居》和《渔父》两篇，很多人怀疑不是屈原的作品。特别是《渔父》那一篇应该是后人的著作。但作者只是把屈原作为题材而从事创作，并无存心假托。它们之被认为屈原作品，是收辑《屈原赋》者的误会。这两篇由于所用的还是先秦古韵，应该是楚人的作品。作者离屈原必不甚远，而且是深知屈原生活和思想的人。这在研究屈原上，不失为很可宝贵的资料。

准上，我把《屈原赋》的次第重新编排了一次，即《九歌》《招魂》《天问》《离骚》《九章》《卜居》《渔父》。《卜居》《渔父》排在最后，是作为附录的意思。

三

关于译文的用意及对于原作辞句文字上的考订，我在每篇都附有解题和注释，在此不再赘述。

注释中颇有些新的收获。如“芳与泽其杂糅”句，我往年译《离骚》时也没有读懂，这一次才算弄清楚了。

又如《招魂》的“土伯九约”很费解，一般注疏家多解“约”为“屈”，或解为“尾”，或解为“短索”，但总把“土伯”作为一个人。这样，于下文的“此皆甘人”的“皆”字就解不通。我推想“土伯”是九个人，因为古人言天有九重，地亦有九层，故地又称“九地”“九京”“九泉”“九原”。大约每一层地有一位土伯掌管，故称“九约”。“约”，我认为，是绳索的意思。

原文有脱简错乱的地方，以《天问》为最严重，我都加了一番整理。

1953年3月11日记于莫斯科

苏维埃大旅馆205室

附

“深幸有一，不望有二”

关于屈原的文章我已经写得不少了，但朋友依然要叫我写：因为又到吃粽子的端午节。——新式一点说：是做纪念文章的诗人节。

为纪念屈原而写文章，差不多也要和为纪念屈原而吃粽子一样了。年年所写的，人人所写的，无论内容和形式，其实并没有什么大了不起的不同。但年年做同样的粽子，年年吃同样的粽子，而人人都觉得兴高采烈。因而可以推得：年年写同样的文章，年年看同样的文章，人人也会同样的兴高采烈的吧。

想到了这一层，又提起了我写这篇纪念文章的勇气，虽然目前在写别的东西，实在没有多的工夫。不过反正是吃粽子，我本没有什么新的发明、新的研究，想读者也未必都期待着我会再有什么新的发明、新的研究。

率性抄出一篇旧文章吧。

屈原自沉处的汨罗，我在一九二六年北伐的时候是路过过的。那时候作过一首旧诗来吊他，大约因为旧诗容易记的原故，是还留在我的记忆里的。

屈子行吟处，今余跨马过。
晨曦耀江渚，朝气涤胸科。
揽辔忧天下，投鞭问汨罗：
楚犹有三户，怀石理则那？

我当时还不曾知道屈原何以一定要死的理由。我觉得仅仅是被放逐，仅仅是在政治上的失意，一位有为的男子应该还有很多可做的事情，不至于一纳头便去憔悴死。但我现在经过了一番研究，知道他的死是在楚襄王二十一年。那时秦将白起把楚国的郢都破了，取了洞庭、五湖、江南，楚国的君臣逃到了陈城去，几几乎演出了国破家亡的惨状。屈原是看到了这样的情形，才迫不得已而自杀了的。所以屈原的自杀是殉国，并不是殉情。

感情是富有传染性的东西，所谓“一人向隅满座为之不欢”的，便是这个现象的旧式的说法。自从屈原死后，凡是神经过敏的诗人稍一不得志便要自比屈原，其实屈原是不好自比的。尤其是以国家或民族为口头禅的人更不好以屈原自比：因为要想成就一个屈原，那须得有一幕亡国灭种的惨剧。在这儿有最后一句话让我写出的是：

我国的屈原，深幸有一，不望有二。

——1935 年沪难三周年纪念日

这如末尾的纪年所表明，已经是八年前的东西了。那时我写过一部关于研究屈原的小册子，这是那小册子的序。文章虽然旧，但在我却没有比这更新的意思。而且读过这文章的人似乎也并不如吃粽子的那样普遍。因此也就更增加了我抄录出来应景的勇气。

近来因为关于屈原的东西写得大概过多了一点，似乎引起了一部分人的反感。有的说：屈原这样的人我们现在是不需要的。但这也就是“深幸有一，不望有二”的意思了，并不新。

又有的甚至于以为我在自比屈原，也就是我上面所说“读过这文章的人似乎也并不如吃粽子的那样普遍”的一个证据。

对于一个人的批评总须得客观一点才好，研究屈原固然应当这样，批评目前的人也应当这样。要把一个人的著作和行为通盘看一下，再下结论，不要老是那样全靠主观，甚至全靠戴着着色眼镜。

前几天接到一位新朋友的一封信，那开头写着——

我读《屈原》剧本，意以为你是以此自托，因此，把你想象为屈原一样的忧重患深的人物，及到见面才知道你是这样的潇洒，完完全全地脱出了我在自己的意识内给你划定的范围，也许因为我还没有往深里看，但已经足够让我感觉，以我的沉郁的性格恐怕很难和你缔结融洽无间的友谊。

就抄至此为止吧，这已又足以证明主观想象是怎样的靠不住了。这位新朋友，恐怕多少是有点感觉着失望，因为我并不像屈原。但我是否如他所说的那样“潇洒”不得而知，不过不像屈原，恐怕是千真万确的。我不是早就骂过自比屈原的人，比现在骂我自比屈原的人还早得多吗？

而且，我是决不相信中国会亡、中国的民族会灭的，因而我也就可以自行预言：我断不会和屈原那样跳水自杀。（如果“自行失脚落水”，那又当别论。）

请不要为我操心，我还须得再来补说一遍：

“我国的屈原，深幸有一，不望有二。”

1942年5月15日

从诗人节说到屈原是否是弄臣

一九四一年在重庆的一大部分作诗的人不期然地把旧历端午节定为“诗人节”，立地便得到普遍的响应。但只公开地纪念了一年，以后便只好由少数人静悄悄来举行纪念了。原因是文运大员不高兴这个举动，据说是，节日很多，为什么要把端午定成诗人节？诗人很多，为什么要纪念屈原？在这前后关于屈原也就展开了政治上的斗争。有的人说，屈原那样的人根本值不得纪念的，恃才扬己，诽谤当道，而终于独善其身，消极自杀，这样狂诞偏激的人，在我们目前的中国根本不需要。当然在今天还要来纪念屈原的人，也就是狂诞偏激之徒，有意恃才扬己，有意诽谤当道，而最好是跟着屈原消极自杀，也就乐得干净的了。太不安分了，公然要纪念屈原！

我自己就是这不安分的一个人，而且也就是被人们最希望我赶快自杀的一个。然而我的不安分却真是到了家，对于屈原的一切我都喜欢，而独于不喜欢他的自杀。因此要想我跳进扬子江或黄浦滩，那恐怕就只好等待“自行失足落水”了。

真的，除掉自杀这一点之外，我对于屈原的一切，可以说都是喜欢的。首先我喜欢他是尊重人民的人，例如他说：

长太息以掩涕兮，哀民生之多艰。

怨灵修之浩荡兮，终不察夫民心。

皇天之不纯命兮，何百姓之震愆！

愿摇起而横奔兮，览民尤以自镇。

为多灾多难的人民而痛哭流涕，而怨天恨人，而克制自己，不作逃避现实的隐遁，试问不是真正尊重人民、爱护人民，而且这尊重爱护之念既深且切的人，谁个能够这样？屈原无疑是一位政治性很浓重的诗人，而他的政治观点就是替人民除去灾难，对内是摒弃压迫人民的吸血佞幸，对外是反抗侵略成性的强权国家，要依人民的意见来处理国政，团结善邻，对于强权拒绝屈膝。这无论怎么说应该是很正确的主张，然而却为当时的当道所不容，而采取了相反的道路，以致“民离散而相失”，就在屈原在世的当时几几乎见到了国族沦亡的惨痛。他是爱国爱民的人，你叫他怎么能不诽谤，能不怨望？爱得深便恨得切，他的诽谤和怨望，要使千载后的大员们都感觉着震恐，这是理所当然，而在今天一些不安分的人要崇拜他，唉，那也就是势所必然了。

另外值得注意的一件事，是他的诗形式。那完全采取的是民歌民谣的体裁，而把它扩大了，更加组织化了。他所创造的“骚体”以“兮”字的反复出现为其特征，这本来是古代民歌民谣的唱诵口调。在今天读音变了，虽然显得文诌诌，甚至文人的别名也就叫作“骚人”，但假如懂得古音去读，那秘密便立地解释了。“兮”字古音是读如“啊”，这是清代音韵学者孔广森的一个发明。晓得了这个发音，你去读《楚辞》以及凡有“兮”字的古歌谣，便可以知道那完全是和言语近亲的音调。跟着你也可以得到一个重要的启发，便是在《诗经》中属于庙堂文学的《大雅》《小雅》《周颂》《鲁颂》《商颂》等何以不用“兮”字（用者极少），而属于民间文学的《国风》，何以多用“兮”字了。跟着你更可以得到一个重要的启发，便是用“兮”字的民间歌谣是无分南北的，以前的人认《楚辞》为南方文体，不同于北方的“雅”“颂”，从地域上来解释二者的差异，那完全是错误的见解。《楚辞》与“雅”“颂”的不同是平民文学与贵族文学的不同。《楚辞》式的平民文学在北方也有，“雅”“颂”式的贵族文学在南方也有。前者有《国风》及其他古歌谣可证，后者有徐、楚、吴、越的有韵的钟鼎铭文可证。

从这两方面来考察，我们便可以看出屈原的伟大，他的诗意识是人民意识，他的诗形式是民间形式，他是彻内彻外的一个人民诗人。他要享受两千多年来的民族崇敬，那并不是没有理由的。今天的诗人们正是意识着要遵守这样的道路。屈原在诗人们的心中便形成了庄严的形象，而把相传是他的死日的端午节，由人民的节日更规划为诗人节，而加以双重的纪念，那也并不是没有理由的。

无可否认，屈原是成为了一个偶像。他是人民意识的形象化，人民文艺的形象化。这样的偶像，不仅不应该打倒，而且也没有方法打倒的。屈原在生前虽然受着迫害而终至于自杀，但他死后两千多年，人民一直都没有忘记他。愿与人民为敌的人，觉得这个偶像是眼中钉，要想用政治的力量来加以再毁灭，那只是徒劳的幻想。诗人节在今年，又全国规模地复活了，这对于那些文运大员们的反抗，不是一首朗诵诗式的宏亮的回答吗？

但也有一种与政治的逆流无直接关系的偶像破坏的主张，那便是“屈原是文学弄臣”的崭新学说的出现。这学说在三年前在成都纪念诗人节的时候，由孙次舟教授在纪念会的演说上公开发表了。孙先生是一位学者，他是以一位史学家的立场来发表他的新说，也和十几年前胡适发表他的屈原是虚构人物说一样，在孙先生本人可能没有什么政治的意义。不幸孙先生的新说，恰好发表在政治逆流激荡的时候，仿佛就和大员们在相呼应的一样，要摧毁这个人民意识的形象、人民文艺的形象，因而便遭受到剧烈的反击。这可以说是孙先生的不幸。今天让我们平心静气地来检讨孙先生新说的根据吧。

原文不在手边，恕我不能做详细的征引，大体上的论证是这样的。在古希腊、罗马凡是从事于文艺工作的多是奴隶，中国古时也有这种倾向，所谓"文史星历近乎卜祝之间，固主上所戏弄，倡优畜之"。故如汉代的司马相如、东方曼倩之流是文学弄臣，而在秦前如淳于髡是齐之赘婿，宋玉是楚之小臣，和倡优之为弄臣，实在是并无差别。屈原是文学之士，已然逃不脱这样的命运，而尤其值得注意的是他的《离骚》，把君臣的关系比成男女的关系，而叙述自己的身份时如妇人女子。例如"众女嫉余之蛾眉兮，谣诼谓余以善淫"，大有搔首弄姿之态。这就足证屈原不仅是一位文学奴隶，而且是楚怀王的一位男妾了。这样的一番偶像破坏实在是相当彻底。假如纯粹出诸感情来加以反讥，实在是不能使孙先生心服，而且也不能解决问题。因此继孙先生之后也就有闻一多的《屈原问题》出现（《中原》杂志二卷二期），闻先生承认孙先生的说法，但加了一个转语，便是屈原诚然是文学弄臣，但他能够革命，所以愈见值得崇敬。这问题似乎也就可以相安无事了。的确，那样崇高的一位革命文学家，他的身份本来是一位弄臣，比起本来是一位贵族的来，似乎更值得尊敬了。不过我嫌这个说法，论证依然不够。

在奴隶社会里面搞文艺的多是奴隶，而不必都是奴隶。屈原是楚国的贵族三闾大夫，毕竟和淳于髡、宋玉等不同。问题应该在“蛾眉”与“善淫”这样的字面了。《诗经·卫风》里有“螓首蛾眉”是形容卫庄姜的容貌的，后世辞人便把这样的字面作为了形容女性的专词，但在古时这样的字面还没有这样特殊化的时候，应该可以有更广泛的使用的。女子的眉毛秀丽，就跟蛾子的那样，自然可以称为“蛾眉”；男子的眉毛秀丽，也就跟蛾子的那样，难道就不可以称为“蛾眉”吗？古人质实，自己美就说自己美，美得怎样就说美得怎样，我们不能因为屈原自述“蛾眉”，便断定他自比女子。善淫的谣诼倒应该和宫廷的女性有关的，特别是那位宠姬郑袖，我倒感觉着她对于屈原这位美男子起过野心，唯因野心不遂，后来才加以反噬。《卜居》里面不是透露了这个消息吗？“将呢訾栗斯，喔咿儒儿，以事妇人乎？”这位“妇人”，不应该是泛无所指。因此我感觉着屈原是文学弄臣，甚至是龙阳之说，证据不够。并不是想在这儿替屈原争身份，只想求其真实。假使真是一位文学弄臣，而能怀抱着那样强烈的人民意识，这比本来是贵族的还要难于说明，因为那样的见解是过于以意识决定存在了。

1946年5月24日

评《“离骚”底作者》

最近看到朱东润先生的《“离骚”底作者》（《学术》三十三期），认为《离骚》是淮南王刘安所作，不是屈原的作品。主要的证据是《汉书·淮南王安传》上说“（安）为《离骚传》，旦受诏，日食时上”，荀悦《汉纪·孝武皇帝纪》及高诱《淮南子叙》，“《离骚传》”均作“《离骚赋》”。朱先生从这里便找着了《离骚》的真正的作者了。

这论证是很成问题的。姑且不管这个字究竟应该作“传”还是作“赋”，单凭一个字的证据就要推翻历史的定案，剥夺屈原的著作权，打倒司马迁，未免太草率了一点。

司马迁的《屈原传》即使有人怀疑，说它“不可信”或竟至本篇最初发表于一九五一年五月二十六日《光明日报》。

是“赝作”，但屈原作《离骚》的说法，司马迁却不只说过一次。在《屈原传》之外的《史记·自序》里面，他曾说“屈原放逐，赋《离骚》”。在《报任少卿书》里面，他也曾说“屈原放逐，乃赋《离骚》”。这封信是被班固收在《汉书·司马迁传》里面的。

班固自己对《离骚》作者的看法又是怎样呢？其实和司马迁是完全一样。朱先生急于想创立新说，可惜只看了《汉书》的《淮南王安传》，而没有分点工夫也看看同一《汉书》里面的《贾谊传》。那里明明白白地这样说着：

> 屈原，楚贤臣也。被谗放逐，作《离骚赋》。其终篇曰：“已矣！国亡（无）人，莫我知也。”遂自投江而死。

这儿所引“终篇”的一句正是《离骚》末尾“乱曰”“已矣哉，国无人，莫我知兮，又何怀乎故都”的节略，足见班固的见解和司马迁并没有什么不同。《汉书·艺文志》里面有“《屈原赋》二十五篇”，毫无疑问，是一定包含有《离骚》的。《艺文志》所根据的是刘向和刘歆两父子的《七略》，于此更可见刘向刘歆父子对于《离骚》的作者是屈原，也和司马迁的见解是一样。王逸的《楚辞》主要是依据《屈原赋》，他也没有造假证骗人。

因此，我们可以断言，《屈原传》的“忧愁幽思而作《离骚》”一句话并没有问题，朱先生责备司马迁“疏忽”，那是不恰当的。倒是朱先生的考证实在是“疏忽”得有些惊人。

朱先生说："汉初的著作里，没有提到屈原，也是无可否认的。"我们要问：贾谊的《吊屈原赋》是不是可以算得"汉初的著作"呢？那里面明明"提到屈原"。汉兴不过三十年左右，距屈原之死也不过百把年，看见过屈原的故老在贾谊作赋或他更年青的时候都尽有存世的可能。赋文一开始就说：

恭承嘉惠兮，俟罪长沙。侧闻屈原兮，自沉汨罗。

造托湘流兮，敬吊先生。遭世罔极兮，乃殒厥身。

关于屈原的故实是"侧闻"来的，正足证明见过屈原的长老还在。赋里面所叙的屈原遭遇和《屈原传》没有两样，只是没有明说他作《离骚》罢了。但《离骚》里面的话分明被隐括着的："已矣，国其莫吾知……何必怀此都也！"

这可见贾谊也是认《离骚》是屈原所作的。朱先生要否认屈原的著作权，要推翻这样重大的一件历史公案，如何竟"疏忽"到把这样的证据都看掉了！

其实要把《离骚》认为是刘安的作品，不仅史籍上没有确实证据，就从思想和文字艺术上来说，也根本说不通。

淮南王刘安招集的学者文士们所著的一部《淮南鸿烈》（一般称为《淮南子》）现今还留存。从文字上来说，是东拼西凑而涂脂抹粉的臃肿杂纂，完全缺乏独创性。从思想上来说，主要是黄、老思想而搀杂一些神仙方技之谈，也是臃肿不堪的。这和《离骚》完全两样。

《离骚》在文字艺术上的独创性，可推古今独步。不仅刘安和他的群臣没有这样的本领，就是先他们一辈的贾谊，和他们同时的司马相如也没有这样的本领。

《离骚》的思想，主要是儒家思想，它所称述的是唐虞三代。虽然全篇充满着升天乘云的遐思，但那是诗人的幻想，与黄、老神仙家言的想法不同。相传是屈原的作品中只有《远游》一篇有道家和神仙家的气息，正足证明那篇不是屈原的作品。

为什么屈原会有儒家思想呢？比屈原稍早的楚国的陈良，便是把儒家思想传到南方去的一位重要人物。《孟子》书上说："陈良，楚产也，悦周公、仲尼之道，北学于中国，北方之学者，未能或之先也。"他在南方讲学"数十年"，有不少的门徒，是形成了一个学派的（《韩非子·显学》儒家八派里面有"仲良氏之儒"大概就指这一派）。屈原应该就是受了他的影响的一人。

朱先生见到《离骚》中的"历史的或传说的人物……都是中原民族底人物，看不到一个楚国的先王先公以及名公巨卿"，认为是"意外"。这也是他要褫夺屈原著作权的一个原因，但其实这是不足怪的。首先我们要知道，楚人本来是"中原底民族”，它是殷的同盟，殷亡之后，被周人压迫到南边去的。《离骚》要称述唐虞三代的古人，何足稀奇！春秋时代的中原人物便只引了齐桓、甯戚两人而已。屈原不是在写历史教科书，“楚国的先王先公以及名公巨卿”为什么非引不可？假使更考虑到屈原受了儒家思想的影响，那就更难怪他没有征引到与儒家思想比较疏远的楚国古人了。

总之，无论从史实上、思想上、文艺上来说，把淮南王刘安认为《离骚》的作者，是没有办法可以成立的[①]。

朱先生对刘安的遭遇有了过分的同情，因而想把著作《离骚》的荣誉也划归刘安。其实刘安著了《离骚传》已经就够光荣了。虽然他的“传”已经失传，但在《屈原传》里面还保存了一部分[②]。至于荀悦、高诱之以“传”为“赋”者，那是因字误而传讹。“传”误为“傅”，荀悦傅会为“赋”，高诱又

---

① 淮南王安因其父名“长”，故讳用“长”字。传世《淮南子》凡当用“长”字处一律改用“脩”字。这也可以作为审查《离骚》是否作于刘安说的一个标准。《离骚》有下列五处分明使用着“长”字，这也是朱说不能成立的反证：“长顑颔亦何伤”“长太息以掩涕”“长余佩之陆离”“殷宗用而不长”“羌无实而容长”。

② 班固叙引“《国风》好色而不淫，《小雅》怨悱而不乱，若《离骚》者可谓兼之。蝉蜕浊秽之中，浮游尘埃之外，皭然泥而不滓。推此志，虽与日月争光可也”，以为淮南《离骚传》中语。刘勰《文心雕龙·辨骚》亦同此说。但这些话和《屈原传》中称颂《离骚》的一段文字大同小异，可知司马迁在作《屈原传》时曾经参考过《离骚传》。

因袭荀悦之误，以讹传讹而已。

屈原的存在是无法否认的，《离骚》之外决不会再有第二篇的《离骚》。

1951年5月5日

5月6日补注

评《“离骚”以外的屈赋》

今天又看到朱东润先生的《“离骚”以外的屈赋》（《学术》三十六期），更进一步把屈原的一切著作权全部剥夺了。他以为：《九歌》“大致作于汉武帝时或其后”；《九章》中“《涉江》《哀郢》两篇很可能是淮南王安底遗臣经过元狩五年全民大迁徙的产物”；“《抽思》《怀沙》两篇的地位似乎在《涉江》《哀郢》之下”；“《橘颂》这一篇的作者可能是楚人，也可能是淮南人”；其他都是“小学生描红影，答习题的产物”；“《天问》这一篇很可能是战国时代楚人的作品”。还有其他，原文具在，不缕述。

我很佩服朱先生的勇敢。他根据一些大胆的独断，导引出一些“大致”“可能”“似乎”的结论，于是便把历史上的重大公案全部推翻了。

例如他说：“《云中君》言及‘烂昭昭兮未央’，未央宫建于高祖七年；又言‘蹇将憺兮寿宫’[①]，寿宫汉武帝置。所以从《东皇太一》至《河伯》八篇及《礼魂》一篇，大致作于汉武帝时或其后。”独断地把普通的动词或名词解为固有名词，于是得出“大致”的结论。

假使要照着这样来做历史考证的话，那末《诗经》上言及“夜未央”，又言及“西方美人”，岂不是《诗》三百篇也“大致”是汉高祖以后甚至是华盛顿以后的作品了吗？

又例如《哀郢》的“尧舜之抗行兮，瞭杳杳而薄天。众谗人之嫉妒兮，被以不慈之伪名”，这是因为《庄子》有“尧不慈，舜不孝”的说法，故引用以寄慨；而朱先生却说“尧舜指淮南王安，作者为淮南之臣”。这真是多么大胆！他全不肯初步地去查一查，《哀郢》《涉江》里面都是有“长”字的，不对头！（**淮南王安及其群臣是讳用“长”字的，就因为安父名长。**[②]）

关于《招魂》，他说所招的是“淮南王安之魂”。我们可以负责地说：“先生，不是的！《招魂》里面有两个‘长’字

---

① “寿宫”原只是一个普通名词，《吕氏春秋·知接》“（齐桓公）蒙衣袂而绝乎寿宫”，又《晏子春秋·杂上》“（齐）景公游于寿宫”，并不必要到汉武帝时才有“寿宫”的名号。

② 没有工夫来全面展开讨论，在便宜上只举了这初步的避讳的一例。

一个‘安’字，不对头！”

关于《大招》，他注意到“西薄羊肠”四个字，生出了疑问：“为什么不是西抵流沙而只是‘西薄羊肠’呢？羊肠山名，在晋阳西北。为什么威名所及，只是半个天下呢？”于是得出答案：“这是因为淮南王长在和文帝斗气的时候，自称东帝，所以威名所及，只给他天下的一半。”这样的论断，我不知道怎么便能够把招楚怀王之魂的旧说攻破？楚怀王和秦惠文王“斗气”的时候，是关东诸侯的纵长，难道“威名所及”又不是“半个天下”吗？朱先生却不顾一切地得出结论：“《大招》是招的淮南王长或淮南王安之魂，大致（又是一个“大致”）还是淮南王安之魂居多。”同样，我们也可以负责地说：“先生，不是的！《大招》里面也有两个‘长’字，不对头！”

像这样，全篇充满着勇敢的独断，真是令人佩服得很！但就因为过于独断，也就有点不敢过于勇敢，所以只好一而再地以“大致”“可能”“似乎”的辞句来模棱下去了。这样的考证是很成问题的，但是也有它的渊源。它的渊源是什么呢？就是胡适！

朱先生的《楚辞》研究，据我看来，是有两个“大胆的假设”作为前提的。一个是胡适的假设，另一个是朱先生的假设。

胡适在二十年前否认过屈原的存在，剥夺过屈原的著作权。虽然那个“大胆的假设”已经遭受了驳斥，而朱先生仍然笃信着。但他也不好明白地说出，便闪烁其词地只表示怀疑：“屈原有无其人？《屈赋》是不是屈原作的？”实际上他的前提就只是“屈原无其人！《屈赋》不是屈原作的！”如此而已。

从这儿，我们的朱先生却是青出于蓝地又有了新的假设，比胡适更要大胆。就因为他对于淮南王刘安有着过分的同情，他在把屈原抹杀之后，顺手便把主要的《屈赋》都认为刘安或其群臣的作品。这也就是胡适的作风，所谓“大胆假设，细心求证”。他们的假设是他们的前提，同时也是他们的结论。先把新奇的结论假设出来，再来挖空心思找证据。这也就是戴着有色眼镜看东西。一戴上刘安和其群臣这副眼镜，于是乎全部《屈赋》便差不多无往而不“淮南”了。

这种研究方法是标准的唯心主义，得不出正确的结论是无足怪的。屈原的存在谁也无法否认，《屈赋》有的是屈原作品，有的不是。关于这些方面的研究，并世学者已经写过不少的文章了。然而到了今天朱先生却依然笃信胡说而一概不管，而且还要把胡适的歪风更进一步展开，这却不能不使我们惊叹！

有关文学史的讨论，在须有正确的史学根据之外，应该还要有相当的文学修养。朱先生虽然在严责司马迁“疏忽”，又痛骂王逸“昏腐”，但在史学见地上他并未能打倒司马迁，在文学见地上他也并未能超过王逸。拿文学的见解来说吧，如说“《卜居》《渔父》是幼稚而浅薄的作品，其完成的时代不会早于西汉后期”，我们要问：究竟是如何“幼稚而浅薄”？“西汉后期”的作者究竟有那一位或几位能作得出这样清新、简洁而有独创性的文字？一个时代的文章，有一定的风格、思想、语汇、音韵，这是不能够信口开河的。单从《渔父篇》的音韵来说，篇中以“移”“波”“酾”“为”等字为韵，这还是先秦古韵，如何能说为“西汉后期”？

《大招》完全模仿《招魂》，而辞句呆板、文气凝滞，旧时有作于景差之说，比较可信。朱先生却把两篇等量齐观，认为“在《楚辞》里都是优秀的作品：从想象力的丰富和感情的浓挚看来，很少有能超过”，这真是鱼目混珠之谈了。

还有《九章》中有好几篇被斥为“小学生描红影的产品”的，我要老老实实地说一句：我自己也是喜欢搞文学的人，六十岁了，当然不是小学生了，但要叫我来“描”，我就老实“描”不出。就请把王逸《楚辞》中的汉人作品翻读一两遍吧。自东方朔以下，严忌、王褒、刘向，连王逸自己，他们所模仿的骚体，又有哪一篇能和《九章》中所谓“描红产品”相比呢？

《九章》，我能同意，不必全是屈原所作。但其中有问题的几篇（如以篇首二三字为标题及篇末无“乱辞”者），认真说，也依然不失其为佳作。我这样说，或许也要算是属于“昏腐”之流的腐见吧。

骂古人是很容易的事，骂得越痛快越是容易，因为古人已经不能再开口了。但是，就拿王逸来说吧，尽管我们不能全面满意，我们总不能不深深地感谢他。假使没有他的搜集，《离骚》和好些《屈赋》都可能失传，哪里还能够产生得出“《离骚》作于刘安”“《离骚》以外的《屈赋》大致作于刘安之臣”的这些新奇学说呢！

谦虚一点吧，更谦虚一点！

1951年5月14日

《屈原研究》版本一览

本书主要由三个部分构成，分别为：郭沫若先生撰写的《屈原研究》、《〈屈原赋〉今译》，以及数篇有关屈原的文章。

《屈原研究》：

1935年4月，（上海）开明书店，出版《屈原》单行本。附有《离骚今言译》。

1943年7月，（重庆）群益出版社，出版《屈原研究》初版。

1946年7月，（重庆）群益出版社，第二版。

1950年8月，（上海）群益出版社，第三版。

1951年7月，（上海）新文艺出版社，新一版。

1952年1月，（上海）新文艺出版社，新二版。

1952年3月，作者将《屈原研究》收入《历史人物》一书。此后基本未见单行本出版。

1953年4月，（上海）新文艺出版社，据《历史人物》版本重印《屈原研究》。

1978年，（日本）雄浑社，出版《郭沫若选集》，《屈原研究》《〈屈原赋〉今译》首次合集出版，被编入第八卷。

《〈屈原赋〉今译》：

1953年6月，（北京）人民文学出版社/作家出版社，初版。

1957年3月，（北京）人民文学出版社，出版《沫若文集》，《〈屈原赋〉今译》被编入第二卷。

1958年10月，（北京）人民文学出版社，出版《离骚今译》单行本，并收入“文学小丛书”。

1978年，（日本）雄浑社，出版《郭沫若选集》，《屈原研究》《〈屈原赋〉今译》首次合集出版，被编入第八卷。

1981年3月，（北京）人民文学出版社，出版《卷耳集·屈原赋今译》。

1984年6月，（北京）人民文学出版社，出版《郭沫若全集·文学编》，《〈屈原赋〉今译》被编入第五卷。

2003年7月，上海书店出版社，出版单行本。

2014年，（北京）线装书局，出版单行本。

其他文章：

《伟大的爱国诗人——屈原》，选自《郭沫若全集·文学编》第十七卷，（北京）人民文学出版社出版，1989年12月，最初发表于1953年6月15日《人民日报》。

《“深幸有一，不望有二”》，选自《郭沫若全集·文学编》第十九卷，（北京）人民文学出版社出版，1992年1月，最初发表于1942年6月18日重庆《新华日报》。

《从诗人节说到屈原是否是弄臣》，选自《郭沫若全集·文学编》第二十卷，（北京）人民文学出版社出版，1992年8月，最初发表于1946年6月7日重庆《新华日报》。

《评〈“离骚”底作者〉》，选自《郭沫若全集·文学编》第十七卷，（北京）人民文学出版社出版，1989年12月，最初发表于1951年5月26日《光明日报》。

《评〈“离骚”以外的屈赋〉》，选自《郭沫若全集·文学编》第十七卷，（北京）人民文学出版社出版，1989年12月，最初发表于1951年5月26日《光明日报》。

本次出版，依据20世纪80年代人民出版社、人民文学出版社出版的《郭沫若全集》为底本，收录了《屈原研究》、《〈屈原赋〉今译》以及5篇有关屈原的文章。

国家新闻出版广电总局

首届向全国推荐中华优秀传统文化普及图书

大家小书书目

国学救亡讲演录	章太炎　著　蒙　木　编
门外文谈	鲁　迅　著
经典常谈	朱自清　著
语言与文化	罗常培　著
习坎庸言校正	罗　庸　著　杜志勇　校注
鸭池十讲（增订本）	罗　庸　著　杜志勇　编订
古代汉语常识	王　力　著
国学概论新编	谭正璧　编著
文言尺牍入门	谭正璧　著
日用交谊尺牍	谭正璧　著
敦煌学概论	姜亮夫　著
训诂简论	陆宗达　著
金石丛话	施蛰存　著
常识	周有光　著　叶　芳　编
文言津逮	张中行　著
经学常谈	屈守元　著
国学讲演录	程应镠　著
英语学习	李赋宁　著
中国字典史略	刘叶秋　著
语文修养	刘叶秋　著
笔祸史谈丛	黄　裳　著
古典目录学浅说	来新夏　著
闲谈写对联	白化文　著
汉字知识	郭锡良　著
怎样使用标点符号（增订本）	苏培成　著
汉字构型学讲座	王　宁　著

诗境浅说	俞陛云　著
唐五代词境浅说	俞陛云　著
北宋词境浅说	俞陛云　著
南宋词境浅说	俞陛云　著
人间词话新注	王国维　著　滕咸惠　校注
苏辛词说	顾　随　著　陈　均　校
诗论	朱光潜　著
唐五代两宋词史稿	郑振铎　著
唐诗杂论	闻一多　著
诗词格律概要	王　力　著
唐宋词欣赏	夏承焘　著
槐屋古诗说	俞平伯　著
词学十讲	龙榆生　著
词曲概论	龙榆生　著
唐宋词格律	龙榆生　著
楚辞今绎讲录	姜亮夫　著
读词偶记	詹安泰　著
中国古典诗歌讲稿	浦江清　著 浦汉明　彭书麟　整理
唐人绝句启蒙	李霁野　著
唐宋词启蒙	李霁野　著
唐诗研究	胡云翼　著
风诗心赏	萧涤非　著　萧光乾　萧海川　编
人民诗人杜甫	萧涤非　著　萧光乾　萧海川　编
唐宋词概说	吴世昌　著
宋词赏析	沈祖棻　著
唐人七绝诗浅释	沈祖棻　著
道教徒的诗人李白及其痛苦	李长之　著
英美现代诗谈	王佐良　著　董伯韬　编
闲坐说诗经	金性尧　著
陶渊明批评	萧望卿　著

古典诗文述略	吴小如　著
诗的魅力 ——郑敏谈外国诗歌	郑　敏　著
新诗与传统	郑　敏　著
一诗一世界	邵燕祥　著
舒芜说诗	舒　芜　著
名篇词例选说	叶嘉莹　著
汉魏六朝诗简说	王运熙　著　董伯韬　编
唐诗纵横谈	周勋初　著
楚辞讲座	汤炳正　著 汤序波　汤文瑞　整理
好诗不厌百回读	袁行霈　著
山水有清音 ——古代山水田园诗鉴要	葛晓音　著
红楼梦考证	胡　适　著
《水浒传》考证	胡　适　著
《水浒传》与中国社会	萨孟武　著
《西游记》与中国古代政治	萨孟武　著
《红楼梦》与中国旧家庭	萨孟武　著
《金瓶梅》人物	孟　超　著　张光宇　绘
水泊梁山英雄谱	孟　超　著　张光宇　绘
水浒五论	聂绀弩　著
《三国演义》试论	董每戡　著
《红楼梦》的艺术生命	吴组缃　著　刘勇强　编
《红楼梦》探源	吴世昌　著
《西游记》漫话	林　庚　著
史诗《红楼梦》	何其芳　著 王叔晖　图　蒙　木　编
细说红楼	周绍良　著
红楼小讲	周汝昌　著　周伦玲　整理

曹雪芹的故事　　周汝昌　著　周伦玲　整理
古典小说漫稿　　吴小如　著
三生石上旧精魂
——中国古代小说与宗教　　白化文　著
《金瓶梅》十二讲　　宁宗一　著
中国古典小说十五讲　　宁宗一　著
古体小说论要　　程毅中　著
近体小说论要　　程毅中　著
《聊斋志异》面面观　　马振方　著
《儒林外史》简说　　何满子　著

我的杂学　　周作人　著　张丽华　编
写作常谈　　叶圣陶　著
中国骈文概论　　瞿兑之　著
谈修养　　朱光潜　著
给青年的十二封信　　朱光潜　著
论雅俗共赏　　朱自清　著
文学概论讲义　　老　舍　著
中国文学史导论　　罗　庸　著　杜志勇　辑校
给少男少女　　李霁野　著
古典文学略述　　王季思　著　王兆凯　编
古典戏曲略说　　王季思　著　王兆凯　编
鲁迅批判　　李长之　著
唐代进士行卷与文学　　程千帆　著
说八股　　启　功　张中行　金克木　著
译余偶拾　　杨宪益　著
文学漫识　　杨宪益　著
三国谈心录　　金性尧　著
夜阑话韩柳　　金性尧　著
漫谈西方文学　　李赋宁　著
历代笔记概述　　刘叶秋　著

周作人概观　舒　芜　著
古代文学入门　王运熙　著　董伯韬　编
有琴一张　资中筠　著
中国文化与世界文化　乐黛云　著
新文学小讲　严家炎　著
回归，还是出发　高尔泰　著
文学的阅读　洪子诚　著
中国文学1949—1989　洪子诚　著
鲁迅作品细读　钱理群　著
中国戏曲　么书仪　著
元曲十题　么书仪　著
唐宋八大家
——古代散文的典范　葛晓音　选译

辛亥革命亲历记　吴玉章　著
中国历史讲话　熊十力　著
中国史学入门　顾颉刚　著　何启君　整理
秦汉的方士与儒生　顾颉刚　著
三国史话　吕思勉　著
史学要论　李大钊　著
中国近代史　蒋廷黻　著
民族与古代中国史　傅斯年　著
五谷史话　万国鼎　著　徐定懿　编
民族文话　郑振铎　著
史料与史学　翦伯赞　著
秦汉史九讲　翦伯赞　著
唐代社会概略　黄现璠　著
清史简述　郑天挺　著
两汉社会生活概述　谢国桢　著
中国文化与中国的兵　雷海宗　著
元史讲座　韩儒林　著

魏晋南北朝史稿	贺昌群　著
汉唐精神	贺昌群　著
海上丝路与文化交流	常任侠　著
中国史纲	张荫麟　著
两宋史纲	张荫麟　著
北宋政治改革家王安石	邓广铭　著
从紫禁城到故宫 ——营建、艺术、史事	单士元　著
春秋史	童书业　著
明史简述	吴　晗　著
朱元璋传	吴　晗　著
明朝开国史	吴　晗　著
旧史新谈	吴　晗　著　习　之　编
史学遗产六讲	白寿彝　著
先秦思想讲话	杨向奎　著
司马迁之人格与风格	李长之　著
历史人物	郭沫若　著
屈原研究（增订本）	郭沫若　著
考古寻根记	苏秉琦　著
舆地勾稽六十年	谭其骧　著
魏晋南北朝隋唐史	唐长孺　著
秦汉史略	何兹全　著
魏晋南北朝史略	何兹全　著
司马迁	季镇淮　著
唐王朝的崛起与兴盛	汪　篯　著
南北朝史话	程应镠　著
二千年间	胡　绳　著
论三国人物	方诗铭　著
辽代史话	陈　述　著
考古发现与中西文化交流	宿　白　著
清史三百年	戴　逸　著

清史寻踪	戴　逸　著
走出中国近代史	章开沅　著
中国古代政治文明讲略	张传玺　著
艺术、神话与祭祀	张光直　著
	刘　静　乌鲁木加甫　译
中国古代衣食住行	许嘉璐　著
辽夏金元小史	邱树森　著
中国古代史学十讲	瞿林东　著

宾虹论画	黄宾虹　著
中国绘画史	陈师曾　著
和青年朋友谈书法	沈尹默　著
中国画法研究	吕凤子　著
桥梁史话	茅以升　著
中国戏剧史讲座	周贻白　著
中国戏剧简史	董每戡　著
西洋戏剧简史	董每戡　著
俞平伯说昆曲	俞平伯　著　陈　均　编
新建筑与流派	童　寯　著
论园	童　寯　著
拙匠随笔	梁思成　著　林　洙　编
中国建筑艺术	梁思成　著　林　洙　编
沈从文讲文物	沈从文　著　王　风　编
中国画的艺术	徐悲鸿　著　马小起　编
中国绘画史纲	傅抱石　著
龙坡谈艺	台静农　著
中国舞蹈史话	常任侠　著
中国美术史谈	常任侠　著
说书与戏曲	金受申　著
世界美术名作二十讲	傅　雷　著
中国画论体系及其批评	李长之　著

金石书画漫谈	启　功　著　赵仁珪　编
吞山怀谷——中国山水园林艺术	汪菊渊　著
故宫探微	朱家溍　著
中国古代音乐与舞蹈	阴法鲁　著　刘玉才　编
梓翁说园	陈从周　著
旧戏新谈	黄　裳　著
民间年画十讲	王树村　著　姜彦文　编
民间美术与民俗	王树村　著　姜彦文　编
长城史话	罗哲文　著
天工人巧——中国古园林六讲	罗哲文　著
现代建筑奠基人	罗小未　著
世界桥梁趣谈	唐寰澄　著
如何欣赏一座桥	唐寰澄　著
桥梁的故事	唐寰澄　著
园林的意境	周维权　著
万方安和——皇家园林的故事	周维权　著
乡土漫谈	陈志华　著
现代建筑的故事	吴焕加　著
中国古代建筑概说	傅熹年　著
简易哲学纲要	蔡元培　著
大学教育	蔡元培　著　北大元培学院　编
老子、孔子、墨子及其学派	梁启超　著
春秋战国思想史话	嵇文甫　著
晚明思想史论	嵇文甫　著
新人生论	冯友兰　著
中国哲学与未来世界哲学	冯友兰　著

谈美	朱光潜　著
谈美书简	朱光潜　著
中国古代心理学思想	潘　菽　著
新人生观	罗家伦　著
佛教基本知识	周叔迦　著
儒学述要	罗　庸　著　杜志勇　辑校
老子其人其书及其学派	詹剑峰　著
周易简要	李镜池　著　李铭建　编
希腊漫话	罗念生　著
佛教常识答问	赵朴初　著
维也纳学派哲学	洪　谦　著
大一统与儒家思想	杨向奎　著
孔子的故事	李长之　著
西洋哲学史	李长之　著
哲学讲话	艾思奇　著
中国文化六讲	何兹全　著
墨子与墨家	任继愈　著
中华慧命续千年	萧萐父　著
儒学十讲	汤一介　著
汉化佛教与佛寺	白化文　著
传统文化六讲	金开诚　著　金舒年　徐令缘　编
美是自由的象征	高尔泰　著
艺术的觉醒	高尔泰　著
中华文化片论	冯天瑜　著
儒者的智慧	郭齐勇　著
中国政治思想史	吕思勉　著
市政制度	张慰慈　著
政治学大纲	张慰慈　著
民俗与迷信	江绍原　著　陈泳超　整理
政治的学问	钱端升　著　钱元强　编

从古典经济学派到马克思	陈岱孙　著
乡土中国	费孝通　著
社会调查自白	费孝通　著
怎样做好律师	张思之　著　孙国栋　编
中西之交	陈乐民　著
律师与法治	江　平　著　孙国栋　编
经济学常识	吴敬琏　著　马国川　编
中国化学史稿	张子高　著
中国机械工程发明史	刘仙洲　著
天道与人文	竺可桢　著　施爱东　编
中国医学史略	范行准　著
优选法与统筹法平话	华罗庚　著
数学知识竞赛五讲	华罗庚　著
中国历史上的科学发明（插图本）	钱伟长　著

出版说明

“大家小书”多是一代大家的经典著作，在还属于手抄的著述年代里，每个字都是经过作者精琢细磨之后所拣选的。为尊重作者写作习惯和遣词风格、尊重语言文字自身发展流变的规律，为读者提供一个可靠的版本，“大家小书”对于已经经典化的作品不进行现代汉语的规范化处理。

提请读者特别注意。

文津出版社